INTERPRETATIONEN DEUTSCH

DIRK KURBJUWEIT

Zweier ohne

Interpretiert von
Sabine Roth-Züfle

STARK

Bildnachweis
Umschlagbild: imago/Camera 4
S. 3: ullstein bild – B. Friedrich
S. 6: Verlag Kiepenheuer & Witsch, Köln (Buchcover), Stardust/Cinetext (Filmplakat)
S. 9, 15, 21, 28, 67, 79: Stardust/Cinetext
S. 19: © RFarrarons – Fotolia.com
S. 40: https://commons.wikimedia.org/wiki/File:River-ruhr-essen-kettwig.jpeg; Foto: Tjansen
S. 64: wikipedia.org
S. 72: http://commons.wikimedia.org/wiki/File:Ruhrtalbr%C3%BCcke_A52_Richtung_D%C3%BCsseldorf.jpg; Foto: padrei; lizensiert unter: Creative Commons Attribution 3.0 Unported
S. 74: picture alliance/ZB
S. 83: picture alliance

ISBN 978-3-86668-851-3

Inhalt

Autorin: Sabine Roth-Züfle

Vorwort

Liebe Schülerin, lieber Schüler,

vielleicht haben Sie sich zu Beginn der Lektüre von Dirk Kurbjuweits Novelle zunächst über den Titel gewundert und sich gefragt, was *Zweier ohne* bedeuten könnte. Vermutlich kennen nur wenige diesen Begriff, der im Rudersport eine olympische Bootsklasse, den „Zweier ohne (Steuermann)" bezeichnet. Die beiden jugendlichen Protagonisten der Novelle üben diesen Sport aus und sind darin außerordentlich erfolgreich. Während des Lesens werden Sie jedoch feststellen, dass der Titel doppeldeutig gemeint ist: Zum einen steht das Boot symbolhaft für die besonders enge Freundschaft von Ludwig und Johann, wie die beiden Hauptfiguren heißen, zum anderen betont es aber auch die verhängnisvolle Qualität dieser Beziehung, die andere ausschließt („*ohne* andere/*ohne* Eigenes").

Dirk Kurbjuweit beschreibt in seinem Werk eine Jungenfreundschaft, die im wahrsten Sinne des Wortes aus dem Ruder läuft. Es wird deutlich, wie zerstörerisch sich die Forderung nach absoluter Gleichheit auf eine Beziehung und darüber hinaus auf die individuelle Entwicklung eines Menschen auswirken kann. Der Autor bietet Ihnen in seinem Text viele Anknüpfungspunkte, denn beide Protagonisten sind Jugendliche und die Geschichte spielt in den 1990er-Jahren, sie thematisiert also auch aktuelle Lebensverhältnisse. Daneben werden weitere wichtige Themen aufgegriffen: Identitätsfindung, Liebe und Sexualität, aber auch erste Erfahrungen mit dem Tod. Zur Lesemotivation trägt darüber hinaus die spannende Gestaltung und die Verwendung von Alltagssprache bei.

Die vorliegende Interpretation soll Sie bei der Vorbereitung auf Klassenarbeiten und Prüfungen unterstützen. Nach der **Vorstellung des Autors** und einigen Hinweisen zur **Entstehung der Novelle** wird die Handlung in einer ausführlichen **Inhaltsangabe** zusammengefasst. Zu einem tieferen Verständnis der Novelle soll der Abschnitt **Textanalyse und Interpretation** beitragen. Das Werk erlaubt mit seinen Leerstellen noch weitere Interpretationsansätze, zu denen ich Sie ausdrücklich ermutigen möchte. Abschließend zeigt die **Interpretation der Schlüsselstellen** exemplarisch, wie Sie bei der Analyse und Deutung literarischer Texte vorgehen können.

Ich wünsche Ihnen viel Freude beim Lesen und neue Erkenntnisse bei der Beschäftigung mit Dirk Kurbjuweits Novelle.

Sabine Roth-Züfle

Sabine Roth-Züfle

Einführung

Nach zwei Romanen hat Dirk Kurbjuweit im Jahr 2001 die Novelle *Zweier ohne* veröffentlicht. Das Werk handelt von einer ungewöhnlichen Jungenfreundschaft. Schon der erste Satz zieht den Leser in den Bann der Handlung: „In der Nacht, als das Mädchen vom Himmel fiel, wurde Ludwig mein Freund." (S. 9) Es stellt sich heraus, dass mit dieser poetischen Umschreibung der Selbstmord eines Mädchens gemeint ist, bei dem Ludwig und Johann, zwei elfjährige Klassenkameraden und Protagonisten der Handlung, Augenzeugen werden. Dieses gemeinsame Erlebnis begründet die sechs Jahre dauernde besondere Freundschaft der beiden Jungen, von der in der Novelle erzählt wird. Der eher konfliktscheue Johann ordnet sich dabei dem dominanten Ludwig von Anfang an unter. Es entsteht ein verhängnisvolles Abhängigkeitsverhältnis, das jegliche individuelle Entfaltung der beiden Jungen verhindert und in einem Drama endet. Johann, dessen Persönlichkeitsentwicklung durch die Freundschaft zu Ludwig nachhaltig gestört wird, ist als Erwachsener schließlich bindungsunfähig und sozial isoliert. Er lebt weiterhin in einer – gedachten – symbiotischen Zweisamkeit mit Ludwig und erhält sich dadurch eine Sicherheit, die es so nie gegeben hat.

Die *Geschichte einer bedingungslosen Freundschaft*, wie der Autor die Novelle im Untertitel nennt, wird rückblickend vom Ich-Erzähler Johann geschildert. Sie spielt in den 1990er-Jahren im Ruhrgebiet. Johann ist zwar ein Scheidungskind, erfährt aber in seiner Familie durchaus Halt und Geborgenheit. Ludwig hingegen kämpft mit der Sprachlosigkeit und der mangelnden emotionalen Unterstützung in seiner Familie. In ihrer Identitätsfindung sind die beiden Jungen auf sich allein gestellt, bedingt auch durch ihren „Pakt“, das „Zwillingsversprechen“, das andere ausschließt. Die Novelle *Zweier ohne* zeigt exemplarisch, welche Folgen dies im Extremfall haben kann.

Die wirklichkeitsnahe und psychologisch fundierte Beschreibung, die sich zeitlos mit altersspezifischen Besonderheiten der Pubertät beschäftigt, hat zur Folge, dass sich der Leser, gleich welchen Alters, in die Protagonisten einfühlen kann. Dazu trägt auch in hohem Maße die poetische Gestaltung der Novelle bei. Gattungstypische Merkmale, die gewählte Erzählperspektive, eine durch unerwartete Wendungen kontinuierlich aufrechterhaltene Spannung, zum Teil fast unerträgliche Ereignisse, die mit feinfühlig erzählten Begebenheiten abwechseln, und eine meisterliche sprachliche Gestaltung machen den Leseprozess zu einem Vergnügen.

Dementsprechend fiel die Kritik auf die Veröffentlichung überwiegend positiv aus; ein ausgewähltes Zitat soll den Tenor der Rezensionen stellvertretend wiedergeben:

> *In der derzeitigen Literaturwelt lässt sich jedenfalls kaum etwas Verwandtes finden, das Lebensklugheit, Neugier und Herzlichkeit derart mit Schonungslosigkeit verknüpfen kann, Illusionsbedürfnis mit Illusionslosigkeit. Kurbjuweit verbindet frühe Formen zuspitzender Novellistik mit präziser heutiger Psychologie und ist dadurch so wenig „modern“ wie „unmodern“. Unterscheidungen solcher Art gehen hier in rückhaltloser Bewunderung einfach unter. In Dirk Kurbjuweit hat Deutschland einen Erzähler allerersten Ranges und sollte das allmählich auch wissen.*[1]

Biografie und Entstehungsgeschichte

1 Biografie

Dirk Kurbjuweit wurde 1962 in Wiesbaden geboren und wuchs in Berlin und Essen auf. Nach dem Abitur studierte er Volkswirtschaftslehre und besuchte die Journalistenschule für Politik und Wirtschaft in Köln. Von 1990 bis 1999 war er Redakteur bei der Wochenzeitung *Die Zeit* und ab 1999 beim Nachrichtenmagazin *Der Spiegel*, in dessen Berliner Hauptstadtbüro er ab 2002 als stellvertretender Leiter, von 2008 bis 2012 als alleiniger Leiter tätig war. Derzeit arbeitet er neben seiner schriftstellerischen Tätigkeit weiterhin als politischer Autor für den *Spiegel.*

Für seine Reportagen ist Dirk Kurbjuweit mehrfach ausgezeichnet worden. 1998 und 2002 erhielt er den Egon-Erwin-Kisch-Preis (heute Henri-Nannen-Preis), 2011 den Roman-Herzog-Medienpreis und 2012 den Deutschen Reporterpreis in der Kategorie „Bester Essay" für seinen Text *Die halbe Kanzlerin.* Kurbjuweit ist Stifter des Seminyak-Stipendiums, das jüngere Journalisten bei ihren Recherchen finanziell unterstützt.

Seit Mitte der 1990er-Jahre veröffentlichte Kurbjuweit zahlreiche schriftstellerische Werke. Er schrieb (gesellschafts-)politische Sachbücher, z. B. *Unser effizientes Leben. Die Diktatur der Ökonomie und ihre Folgen* (2003), *Operation Rot-Grün: Geschich-*

te eines politischen Abenteuers (2005, gemeinsam mit M. Geyer, C. Schnibben) und *Angela Merkel: Die Kanzlerin für alle?* (2009). In seinen erzählerischen Werken – mit Ausnahme der Novelle *Zweier ohne* (2001) sind dies Romane – befasst er sich mit dem Individuum in der Gesellschaft bzw. den Formen des Außenseitertums wie in *Die Einsamkeit der Krokodile* (1995) oder *Schussangst* (1998). Kurbjuweit schreibt über zeitgeschichtliche Themen, z. B. in den Romanen *Nachbeben* (2004) und *Kriegsbraut* (2011), oder den politischen Betrieb wie in *Nicht die ganze Wahrheit* (2008). Sein neuester Roman *Angst* (2013) ist ein Psychothriller über Stalking und eine extreme Vater-Sohn-Beziehung.

Bisher wurden drei seiner Werke verfilmt: *Die Einsamkeit der Krokodile* (2001, Buch/Regie: Jobst Oetzmann), *Schussangst* (2002, Buch/Regie: Dito Tsintsadze) und *Zweier ohne* (2008, Buch/Regie: Jobst Oetzmann) (siehe *Interpretationshilfe*, S. 5).

2 Entstehung der Novelle *Zweier ohne*

Die Novelle enthält einige Anknüpfungspunkte zur Biografie des Autors. Dirk Kurbjuweit wohnte in seiner Kindheit eine Zeit lang in Essen, wo er auch Abitur machte: „[D]ie Brücke [als wichtiger Teil der Handlung] ist ein Ort meiner Jugend, die Autobahnbrücke über dem Ruhrtal zwischen Essen und Düsseldorf.“[2]

Als Jugendlicher hat er selbst den Rudersport betrieben, er kennt aus eigener Anschauung die Gesetzmäßigkeiten dieses Sports. Zudem hat Kurbjuweit im Erscheinungsjahr der Novelle im *Spiegel* eine erschütternde Reportage über den Ruderer Bahne Rabe veröffentlicht, einen Spitzensportler, der im Jahr 1988 bei den Olympischen Spielen in Seoul eine Goldmedaille im Achter gewann und 2001 an den Folgen einer Bulimie starb.

Zudem greift der Autor auf Erlebnisse eines Jugendfreunds zurück: „Ein Freund von mir hat unter dieser Brücke gelebt, und ihm sind oft Selbstmörder in den Garten gesprungen.“[3] – Ludwig, einer der beiden Hauptfiguren in *Zweier ohne*, ergeht es ebenso.

Kurbjuweit kennt aus eigener Erfahrung den Wunsch nach einem Freund, den auch die Figur Johann umtreibt, hatte aber in seiner eigenen Jugend keinen besonders engen Gefährten. Vor und während der Entstehung von *Zweier ohne* dachte der Autor intensiv über die negativen Folgen von verordneter Gleichmacherei in totalitären Systemen wie dem Nationalsozialismus oder Sozialismus nach. Sein Interesse beim Schreiben der Novelle lag auch darin, eine „Geschichte vom Bösen in der Gleichheit“ zu erzählen, wie er selbst sagt.[4]

„Zweier ohne“ – Der Film

Die **Verfilmung** der Novelle aus dem Jahr 2008 bleibt im Großen und Ganzen nah an der literarischen Vorlage und setzt Kurbjuweits Themen pointiert um. In wenigen Punkten gibt es inhaltliche Unterschiede (siehe *Tabelle,* S. 6); zudem ist die Charakterisierung der Figuren etwas eindeutiger angelegt als in der Novelle, in der vieles der Interpretation durch den Leser überlassen bleibt.

Wie im literarischen Werk wird im Film die Geschichte durch den **Ich-Erzähler Johann** vermittelt. Er tritt dabei nicht nur in allen Szenen handelnd in Erscheinung, sondern kommentiert auch das Geschehen aus zeitlicher Distanz mittels Kommentaren aus dem Off. Durch diese Erzähltechnik des sogenannten **Voice-over** werden seine Gefühle und Gedanken, quasi ein innerer Monolog, für die Zuschauer hörbar, wobei auch zu erkennen ist, dass Johanns Sicht auf die Dinge (in direkter Rede und in seinen Kommentaren) und die gezeigten Bilder häufig auseinanderklaffen (siehe *Interpretationshilfe*, S. 50).

Inhaltliche Unterschiede zwischen Novelle und Verfilmung

Novelle	**Film**
Namen: Ludwig, Flavia	Ludwig hat einen Nachnamen („Krambowski"), Veras Freundin heißt Sabine
Ludwigs Mutter ist nie zu Hause (Nachtschicht)	Ludwigs Mutter ist tot
Autobahnbrücke befahren	Autobahnbrücke nicht in Betrieb
Mutprobe: über befahrene Straße laufen	Mutprobe: mit dem Rad auf den Abgrund zufahren und möglichst spät bremsen
Johann und Ludwig werden Zwillinge, indem sie dieselben Computerspiele spielen, die gleichen Bücher gemeinsam lesen, gleich viel von den gleichen Gerichten essen, sich jeden Gedanken erzählen (vgl. S. 49 f.)	Angleichung der Jungen wird vor allem durch äußerliche Veränderung kenntlich gemacht: Glatze, Partnerlook
Ludwig muss seine Stereoanlage verkaufen, um die Schlösser für die Motorräder zu bezahlen	Ludwig verkauft seinen Computer
Johann und Vera lieben sich auf einer Decke am Waldrand	für ihre Liebesnächte nutzen sie einen Wohnwagen, der auf dem Grundstück steht
Turm-Fantasie	*fehlt*

Inhaltsangabe

Kapitel 1: Beginn der Freundschaft zwischen Johann und Ludwig; die Mutprobe; das tote Mädchen (S. 9–35)

Johann liegt um 2 Uhr nachts noch wach und überlegt, ob Ludwig, den er an diesem Tag zum ersten Mal besucht hat und bei dem er übernachtet, sein Freund sein könne. Er denkt daran, dass sie nach der Schule gemeinsam zu Ludwig nach Hause gefahren sind, zuerst mit dem Fahrrad, dann, auf Ludwigs Wunsch, mit dem Schiff. Das Haus von Ludwigs Eltern steht unmittelbar am Fluss unter einer großen Autobahnbrücke und Ludwig hat erzählt, dass dies die höchste Brücke der Welt sei. Bei ihrem Bau sei ein Arbeiter in den noch weichen Beton eines Pfeilers gefallen und seine Leiche stecke immer noch darin.

Johann erinnert sich, wie Ludwig zwei Wochen zuvor vom Gymnasium der Nachbarstadt in Johanns Klasse gekommen ist. Der Rektor hat den neuen Mitschüler im Unterricht vorgestellt, wo gerade die Ballade *Die Bürgschaft* gelesen worden ist. Johann ist an Ludwig aufgefallen, dass er dichtes, fast weißes Haar hat, das ihm ähnlich einer Fellmütze über die Ohren hängt, und nahezu unsichtbare Augenbrauen. Im Gegensatz zu den Schülern, die bislang an die Schule übergetreten sind, ist Ludwig nicht verschüchtert gewesen, sondern hat fröhlich gelacht und auf eine Äußerung des Rektors hin einen Scherz gemacht. Der Rektor hat das ungewöhnliche Verhalten des neuen Schülers zwar zur Kenntnis genommen, das Klassenzimmer jedoch kommentarlos verlassen.

Johann ist zu diesem Zeitpunkt auf der Suche nach einem Freund, mit dem er in seiner Freizeit telefonieren und alle seine Erlebnisse und Gedanken teilen kann. Zwar führt er, wie seine

Klassenkameraden auch, eine Liste mit Telefonnummern, doch wartet er vergeblich auf Anrufe. Selbst greift er nie zum Telefon.

Johann denkt in der Nacht daran, dass sich Ludwig vom ersten Tag an in die Klassengemeinschaft eingefügt, er selbst sich hingegen dem neuen Mitschüler gegenüber zurückhaltend verhalten hat. Er sucht zwar einen Freund, erwartet aber von einem solchen, dass dieser die Initiative ergreift. Für Johann überraschend und unerwartet, hat Ludwig diese Rolle übernommen, indem er am vorherigen Tag, zwei Wochen nach seinem Übertritt, Johann dreimal hintereinander angerufen hat. Er hat von Lastwagen und Motorrädern erzählt, die über die Brücke fahren, hat erklärt, dass er selbst kein Albino sei, und Johann schließlich für den kommenden Nachmittag zu sich nach Hause eingeladen und ihm angeboten, bei ihm zu übernachten. Johann hat die Einladung angenommen, obwohl er im Grunde nicht weiß, warum Ludwig ihn angerufen hat.

Bei ihrer Ankunft bei Ludwig haben die beiden in der Werkstatt neben dem Haus Ludwigs Vater getroffen, der an einem Motorrad gearbeitet hat. Neben ihm hat ein Mädchen gesessen, Ludwigs Schwester, und hat eine schmutzige Katze gestreichelt. Ludwig hat Johann seinem Vater vorgestellt und den Namen der Katze genannt, den seiner Schwester jedoch nicht erwähnt.

Am Nachmittag haben die Jungen mit alten, ausgeweideten Motorrädern gespielt, dann sind sie, wiederum auf Ludwigs Vorschlag, zur Brücke hochgestiegen. Obwohl Johann Angst hatte, hat Ludwig ihn aufgefordert, auf die Autobahn zu klettern. Sie haben sich auf die Leitplanke gestellt, sich am Drahtzaun abgestützt und ins Tal geschaut. Ludwig hat anschließend vorgeschlagen, quer über die Autobahn zur anderen Straßenseite zu laufen. Weil sich Johann zunächst geweigert hat, hat ihn Ludwig mit der Bemerkung unter Druck gesetzt, dass er auch einen anderen Jungen hätte einladen können. Johann hat nachgegeben und sie sind über die Autobahn gerannt. Hinterher haben sich die Jungen versichert, dass nur sie beide diese Mutprobe haben bestehen können.

Während des Abendessens haben Ludwig und Johann ein Pfannkuchen-Wettessen bestritten, bei dem, zunächst unbemerkt, auch Ludwigs Schwester Vera mitgemacht und am Ende sogar gewonnen hat.

In der Nacht liegt Johann nun schlaflos auf der Luftmatratze in Ludwigs Zimmer und schaut ständig auf die Uhr. Er vergleicht sein Zuhause mit dem Ludwigs und er hat den Eindruck, dass mit dessen Familie etwas nicht stimmt. Er fühlt sich unwohl und wiederholt überlegt er, aufzustehen und mit dem Fahrrad nach Hause zu fahren. Zudem ist sich Johann nicht sicher, ob Ludwig tatsächlich sein Freund sein kann, denn er empfindet dessen Äußeres als unattraktiv. Außerdem trägt er ihm nach, dass Ludwig ihn auf der Autobahnbrücke in Gefahr gebracht hat.

Johann (Tino Mewes) und Ludwig (Jacob Matschenz) vor der ersten Mutprobe auf der Autobahnbrücke. (Szene aus dem Film *Zweier ohne* von 2008)

Etwas später hört Johann durch das offene Fenster ein dumpfes Geräusch. Ludwig ist sofort wach und fordert Johann auf, mitzukommen. Sie finden im Garten ein junges Mädchen, das sich von der Brücke in den Tod gestürzt hat. Ludwig ist im Gegensatz zu Johann nicht ängstlich, denn er tritt zu der Leiche und fordert Johann auf, näherzukommen. Dann streicht er der Toten Schmutz aus dem Gesicht und drückt ihr die Augenlider zu. Als später Polizei und Arzt ihre Arbeit aufnehmen, gehen die Jungen wieder zu Bett und stellen Vermutungen über das tote Mädchen an. Johann weiß nun, dass Ludwig sein Freund ist, denn im Gegensatz zu ihm selbst kann dieser offenbar mit dem Tod wie selbstverständlich umgehen. Johann ist überzeugt, dass ihm ein Freund gegen seine Angst vor dem Tod und vor Toten helfen kann, und dass Ludwig der Richtige dafür ist.

Kapitel 2: Das Zwillingsgelübde; Josefine (S. 36–53)

In den folgenden Jahren dauert die Freundschaft zwischen Johann und Ludwig an. Zwei Jahre nach der ersten Begegnung der Jungen haben sich Johanns Eltern getrennt; weitere zwei Jahre später haben die beiden Jungen, nunmehr 15 Jahre alt, in ihrer ersten Saison beim Rudern mit einem Zweier ohne Steuermann jedes Rennen in ihrer Gewichtsklasse gewonnen. In der aktuellen Saison verlieren sie jedoch zwei Rennen nacheinander gegen neu auftretende Konkurrenten, ein Zwillingspaar aus Potsdam. Am Abend des zweiten verlorenen Rennens schlägt Ludwig Johann auf der Brücke vor, dass sie beide Zwillinge sein sollen, um die Gegner in Zukunft schlagen zu können. Dazu müssten sie das Gleiche tun, das Gleiche wollen, das Gleiche denken. Diese Übereinkunft soll nach Ludwigs Vorstellung sogar so weit gehen, dass auch der andere von der Brücke springt, wenn einer von ihnen einen Grund dazu haben sollte, das zu tun. Johann willigt freudig ein, ohne über die Tragweite dieses Vorschlags nachzudenken, weil ihm ein Zwillingsdasein in seiner momentanen Situation hilfreich und befreiend erscheint. Ab diesem Zeitpunkt verbringen die beiden fast jede freie Minute miteinander, um ihre Angleichung voranzutreiben. Nach zwei weiteren Niederlagen gewinnen die beiden Jungen alle restlichen Rennen der Saison.

Ein Jahr später wollen die nunmehr 17-Jährigen das „erste Mal“ erleben, und zwar auf Johanns Drängen hin. Obwohl es ihm möglich wäre, selbst ein Mädchen zu finden, ordnet er seine Bedürfnisse dem Zwillingsversprechen unter, wichtige Erfahrungen nur gemeinsam mit Ludwig zu machen. Deshalb soll auch das erste sexuelle Erlebnis zur gleichen Zeit mit demselben Mädchen stattfinden. Deswegen bringt Ludwig an einem Samstag im April Josefine mit nach Hause, die als einfältig und leicht zu haben gilt. Während Ludwig mit dem Mädchen auf seinem Zimmer ist, wartet Johann in der Küche. Überraschend taucht Ludwigs Schwester Vera auf und Johann unterhält sich mit ihr, um von den Vorgängen in Ludwigs Zimmer abzulenken und um etwaige Geräusche zu übertönen. Er erklärt Vera, dass Ludwig sich vom Training ausruht und nicht gestört werden sollte.

Nach einiger Zeit kommt Ludwig aus seinem Zimmer, beachtet die beiden jedoch nicht und verlässt schweigend das Haus. Nun geht Johann zu Josefine und verbringt mit ihr mehrere erfüllte Liebesstunden. Danach wartet er auf Ludwig, doch dieser kommt nicht zurück. Mehrmals versucht Johann am Wochenende, Ludwig telefonisch zu erreichen, aber ohne Erfolg. Sie sehen sich erst beim Rudertraining am darauffolgenden Montag wieder.

Während der Trainingsfahrt sieht Johann Josefine am Flussufer sitzen. Er freut sich, sie zu sehen, Ludwig ermahnt ihn jedoch, sich zu konzentrieren, und fordert ihn später auf, die „Russenschlampe“ zu vergessen, denn sie sei nichts für ihn. Ein Gespräch über das jeweils „erste Mal“ der Jungen findet nicht statt. Obwohl Johann Sehnsucht nach Josefine hat, versucht er, Ludwigs Anweisung zu befolgen und seine Gefühle zu unterdrücken. Er vergisst das Mädchen mit der Zeit.

Kapitel 3: Marco; Johann und Vera kommen sich näher; die Motorradfahrt (S. 54–76)

In den folgenden Monaten festigt sich die enge Freundschaft zwischen Ludwig und Johann, wobei sich Johann in seinem Verhalten immer stärker an Ludwig orientiert, ohne darüber nachzudenken. Als Josefines Brüder ihnen Ärger machen, beginnt Ludwig eine Prügelei und Johann schließt sich ohne Zögern an. In der Schule treffen sich die beiden Jungen jeden Morgen vor dem Unterricht, um sich ihre Träume aus der vergangenen Nacht zu erzählen. Wenn Johann von erotischen Träumen berichtet, in denen Josefine vorkommt, kommentiert Ludwig dies nicht. In den Pausen sondern sich die beiden von ihren Mitschülern ab, denn sie sind der Ansicht, dass sie andere nicht brauchen. Mit Marco, der im Winter neu an die Schule gekommen ist, pflegen sie kurzzeitig eine Freundschaft zu dritt. Johann kennt Marco bereits, da sie in Berlin zusammen die Grundschule besucht haben. Er freut sich, den Jungen wiederzusehen, nimmt ihn zum Rudern und auch zu Ludwig nach Hause mit. Nach kurzer Zeit findet Ludwig jedoch, dass Marco nicht zu ihnen passt, weil er zu einfältig sei. Johann gibt Ludwig recht und übernimmt es, Marco aus der Freundschaft auszuschließen, obwohl er sich dessen verletzte Gefühle vorstellen kann.

Im Sommer wird ein Mädchen aus der Schule entführt. Johann und Ludwig fahren mit den Rädern durch die Wälder, um eine Spur der Entführten zu finden. Als nach drei Wochen das Lösegeld gezahlt und das Mädchen freigelassen wird, stellt sich heraus, dass es in einer Kammer eines Brückenpfeilers gefangen gehalten worden ist, ganz in der Nähe von Ludwigs Elternhaus.

In der Nacht nach der Freilassung des Mädchens will Johann gerade nach Hause gehen, als er in der Werkstatt noch Licht brennen sieht. Er trifft dort auf Vera, die aus Mitleid mit dem entführten Mädchen weint. Johann tröstet sie, indem er sie streichelt, und sie umarmen sich. Von dieser Begegnung erzählt er Ludwig nichts. Er ist der Ansicht, dass aufgrund ihrer Zwillingsbeziehung nicht mehr alles gesagt werden müsse, da sie die wichtigen Dinge voneinander wüssten oder zumindest erahnten.

Beim Flipperspiel im griechischen Lokal ein paar Tage später reden die beiden Jungen über die Tatsache, dass einer der Entführer der Vater eines Mitschülers ist. Während Johann sich sehr über die Herzlosigkeit des Mannes aufregt, bleibt Ludwig vergleichsweise wortkarg.

Seitdem die beiden Jungen ihren gemeinsamen Wettkampfsport betreiben, werden sie von Johanns Vater zu den Regatten gefahren. Eines Tages kündigt Ludwig an, am nächsten Sonntag nicht mit Johanns Vater fahren zu wollen. Als Johann bei Ludwig eintrifft, sieht er, dass dieser in der Werkstatt ein restauriertes Motorrad bereitgestellt hat. Obwohl beide noch keinen Führerschein besitzen, hat Johann keine Einwände gegen Ludwigs Idee, selbst auf dem Motorrad zur Regatta zu fahren. Ludwig steuert das Motorrad. Auf der Rückfahrt werden sie von der Polizei angehalten. Bevor der Polizist aus dem Wagen steigt, tauschen die beiden Jungen die Plätze, weshalb schließlich Johann am Lenker steht und für den Fahrer des Motorrads gehalten wird. Weil er dem nicht widerspricht, muss er an Ludwigs Stelle zur Strafe 20 Stunden Sozialarbeit in einer Stadtgärtnerei ableisten. Dort muss er mit gewalttätigen jugendlichen Straftätern zusammenarbeiten, die ebenfalls eine Strafe verbüßen und eine latente Gefahr für ihn darstellen. Diese schlimme Zeit steht er seiner Meinung nach nur deswegen durch, weil er weiß, dass sich Ludwig nicht beherrschen kann und sich möglicherweise gegenüber den anderen Jungen in Schwierigkeiten gebracht hätte, wenn er die Strafe selbst angetreten hätte. Ludwig hingegen muss die Bügelschlösser bezahlen, die sein Vater nach dem Vorfall für alle fahrtüchtigen Motorräder gekauft hat, und deswegen seinen Fernseher und seine Stereoanlage verkaufen.

Eines Nachts brennt wieder Licht in der Werkstatt, als Johann nach Hause gehen will. Vera kauert auf einem Hocker und streichelt die kranke Katze. Johann und das Mädchen umarmen sich, nehmen eine Decke mit nach draußen, an den Rand des Grundstücks, und verbringen dort ihre erste Liebesnacht miteinander.

Kapitel 4: Das Motorrad; der Turm; Beziehung zwischen Johann und Vera; der Tote; Landesentscheid (S. 77–122)

Auf Ludwigs Idee hin beginnen die Jungen im Sommer damit, in der Werkstatt ein altes Motorrad zu reparieren. Zwischen den beiden wird dies nicht näher besprochen, was aus Johanns Sicht auch nicht nötig ist, da ohnehin klar sei, dass das Motorrad für sie selbst zu ihrem baldigen 18. Geburtstag gedacht ist. Während der Arbeit am Motorrad fragt Ludwig bei Schwierigkeiten seinen Vater nicht um Rat, obwohl dieser auch in der Werkstatt ist, stattdessen muss dies Johann übernehmen.

In der Werkstatt unterhalten sich die Jungen darüber, welchen Beruf sie nach dem Abitur gemeinsam ausüben könnten. Johann gibt Ludwig recht, als dieser behauptet, dass ein Studium nichts für sie sei. Er geht sofort auf Ludwigs Vorschlag ein, in Asien den höchsten Turm der Welt zu bauen und damit viel Geld zu verdienen. In der nächsten Zeit wird Ludwig immer schweigsamer und missmutiger, außerdem hat er Schwierigkeiten, sein Wettkampfgewicht für die bevorstehenden Rennen zu halten. Einzig die Gespräche über den Turm heitern ihn gelegentlich auf.

Ludwig versucht Johann dazu zu bringen, stets bei ihm zu übernachten. Doch Johanns Mutter ist dagegen: Johann muss zumindest wochentags zu Hause schlafen. Wenn Ludwig gegen Mitternacht zu Bett geht, trifft sich Johann vor dem Nachhauseweg mit Vera in der Werkstatt und sie schlafen miteinander. Johann hat dabei gemischte Gefühle, denn die Werkstatt ist eigentlich ein Ort, den er vorzugsweise mit Ludwig teilt. Ebenso missfällt ihm, wenn Vera mit ihm über den Turm spricht, denn er findet, das Bauwerk sei ebenfalls eine Angelegenheit zwischen ihm und Ludwig.

Vera erzählt Johann, dass sie auch mit ihrer Freundin Flavia eine erotische Beziehung unterhält; sie schlägt diesbezüglich sogar einmal eine Dreierbegegnung vor. Die Beziehung zwischen Johann und Vera wird grundsätzlich nur in den Nächten gepflegt. Auf Johanns Wunsch gehen die beiden in der restlichen Zeit auf Distanz, weil er nicht will, dass er für Ludwig weniger Zeit hat, wenn er sich mit Vera trifft.

Als Ludwig und Johann eines Tages vom Training nach Hause kommen, sitzt Vera in der Werkstatt auf dem Motorrad der beiden Jungen. Ludwig geht sofort auf sie los, reißt sie vom Motorrad herab, tritt und schlägt sie. Schaudernd beobachtet Johann seinen außer Kontrolle geratenen Freund und zieht ihn schließlich mithilfe des Vaters von Vera weg. Im Freien stürzt sich Ludwig auf Johann und die beiden ringen erbittert miteinander. Weil sie dabei gleich hart und lang kämpfen und schließlich gleichzeitig erschöpft aufgeben, betrachten sie dies später als Beweis für ihre große Übereinstimmung.

Ludwig und Johann prügeln sich, nachdem Ludwig wegen Vera ausgerastet ist. (Filmfoto)

In der folgenden Zeit wird Ludwig immer stiller und passiver. Johann übernimmt deswegen das Reden und die Arbeit am Motorrad. Er spricht über den Turm in Asien, um Ludwig aufzumuntern, doch dieser will davon nichts mehr hören. Johann ist zunächst verletzt, stimmt Ludwig aber dann zu und tut die Turm-Idee für sich selbst als kindisch ab. Johann erklärt sich Ludwigs negative Stimmung damit, dass jener kaum noch etwas isst. Doch trotz seiner Diät wiegt Ludwig vor den Regatten regelmäßig zu viel und muss in kürzester Zeit sein Gewicht reduzieren. Auch auf Johann wirkt sich die gedrückte Stimmung aus.

Eines Nachts ruft Ludwig – merklich in Hochstimmung – Johann an und fordert ihn auf, sofort zu ihm zu kommen. Im Garten liegt eine Leiche. Für einen Moment denkt Johann, Ludwig könnte Vera umgebracht haben. Doch es handelt sich um die Leiche eines Mannes. Auf Johanns Frage, ob Ludwig die Polizei informiert habe, geht dieser zunächst nicht ein. Später sagt er, er habe nichts unternommen, weil die Polizei für so etwas kein Verständnis habe. Ludwig ist sehr gesprächig, er stellt Vermutungen über den Toten an und betrachtet ihn genau. Johanns wiederholt geäußerten Hinweis auf die Polizei tut Ludwig mit der Bemerkung ab, dass er auf etwas derart Großes gewartet habe. Das lasse er sich nicht von der Polizei verderben, denn der Tote gehöre ihnen. Anschließend versteckt Ludwig die Leiche im Unterholz und Johann fährt nach Hause.

Obwohl auch in der darauffolgenden Nacht Vera in der Werkstatt auf Johann wartet, geht er mit Ludwig zu der Leiche und sie betrachten sie bis zum Morgengrauen. Ludwig sagt, dass sie den Toten miteinander teilten und diese Tatsache sie noch fester miteinander verbinden würde; Johann pflichtet ihm im Stillen bei. Die beiden stellen Mutmaßungen über die Leiche an: Aufgrund der kurzen Hosen, die der Mann anhat, nehmen sie an, dass es sich um einen Bauern handelt. Sie vermuten, dass er keine Frau bekommen und sich deswegen umgebracht hat. Ihre Stimmung wird immer ausgelassener und die Jungen stellen sich vor, wie nützlich der Bauer als Hausmeister in ihrem Turm wäre.

In der folgenden Nacht ist die Verwesung der Leiche bereits fortgeschritten und die Stimmung der Jungen kippt. Düster bezeichnet Ludwig die Welt als sinnlos, weil man in ihr nicht mit Toten leben könne. Johanns Frage, was sie nun mit der Leiche machen sollten, beantwortet er nicht.

Am nächsten Tag fragen Polizisten, die auf der Suche nach einem Vermissten sind, bei Ludwigs Familie nach, ob etwas Ungewöhnliches bemerkt worden sei. Ludwigs Vater meint, dass sein Sohn bisher immer gehört habe, wenn ein Selbstmörder von der Brücke gesprungen sei. Ludwig hingegen sagt, er habe nichts mitbekommen, und Johann schweigt zu alldem. Dass die Polizisten einen Bauern suchen, bestätigt die Überlegungen der Jungen.

In der Nacht werfen die Jungen den Toten in den Fluss unterhalb der Brücke. Sie betrachten sich als letzte Freunde des Bauern und nehmen sich vor, ihn nun jeden Tag besuchen zu kommen. Für Johann ist das „Begräbnis“ eine traurige Angelegenheit. Deswegen betrachtet er Ludwigs Vorschlag, auf die Brücke zu gehen, als schöne Geste gegenüber dem Selbstmörder, weil dort die gemeinsame Geschichte der drei sozusagen ihren Anfang genommen hat.

Doch dort klettert Ludwig zu Johanns Entsetzen am Absperrgitter der Brücke empor und setzt sich oben auf die Kante. Er fordert Johann auf, nachzukommen und sich neben ihn zu setzen. Dieser weigert sich zunächst, folgt Ludwig aber dann doch nach oben. Dann lassen beide, wiederum auf Ludwigs Betreiben, das Gitter los und halten sich nur noch gegenseitig an den Händen fest. Johann findet den Ausblick ins Tal großartig, er hat aber auch große Angst.

Eine Woche später wartet Vera in der Werkstatt wieder auf Johann, der sie in der Zwischenzeit schon sehr vermisst hat. Sie gehen nicht nach draußen, sondern lieben sich in der Werkstatt, was Johann im Nachhinein peinlich ist. Nach dem Liebesakt fühlt sich Johann in seinen sexuellen Fähigkeiten Veras Freundin Flavia überlegen und auch für diesen Gedanken schämt er sich. Johann fragt Vera, warum ihr Vater nie bei einer Regatta dabei sei. Sie vermutet, dass er möglicherweise Angst davor habe, weil er selbst zu oft verloren habe. Sie wisse aber nicht, was ihr Vater früher gemacht habe, denn darüber werde in der Familie nie gesprochen.

Beim Vorbereitungsrennen zum Landesentscheid verlieren die Jungen gegen die Zwillinge aus Potsdam und Ludwig ist vollkommen verzweifelt. Doch zehn Tage vor dem Wettkampf stopft er zu Johanns großer Überraschung Essen in sich hinein. Am Abend bittet Ludwig seinen Vater, Pfannkuchen zu backen, und er isst viele davon, im Gegensatz zu Johann und Vera. In der Nacht redet Johann mit Vera über ihren Bruder. Johann erzählt von dessen plötzlichem Sinneswandel und Vera hofft, dass Ludwig dadurch vielleicht bessere Laune bekomme. Johann verteidigt Ludwig und beschließt, abzunehmen, um das ausgleichen zu können, was sein Partner bis zum Rennen möglicherweise zunimmt. Während Ludwig weiterhin viel isst, hält Johann also strenge Diät, er leidet körperlich darunter und wird deswegen auch zunehmend nervös. Ludwig hingegen wirkt glücklich, ebenso wie Vera, die ihn in seinem Verhalten unterstützt. Beide Jungen reden kaum miteinander. Johann sucht in diesen Tagen die Werkstatt nachts nicht auf, obwohl dort Licht brennt, Vera also vermutlich auf ihn wartet.

Johanns Taktik, Ludwigs Übergewicht auszugleichen, geht auf und die beiden werden zum Rennen zugelassen, verlieren es aber knapp. Nach dem Rennen umarmen sich die Jungen innig, was ihnen in der Vergangenheit nie gelungen ist.

Ludwig hat am nächsten Tag Führerscheinprüfung und muss dafür noch lernen. Deshalb will er nicht, dass Johann nach dem Rennen mit ihm nach Hause kommt, und so verbringt dieser den

Abend mit seiner Mutter. Vor dem Einschlafen macht sich Johann Sorgen um Ludwig, weil dieser sich den Sieg bei der Regatta so sehr gewünscht hat. In der Nacht wacht Johann auf, fährt in aller Eile zu Ludwig und klettert die Brücke hoch, weil er befürchtet, dass sein Freund hinunterspringen will. Auf der Brücke trifft er Vera. Beide vermuten, dass der jeweils andere springen wollte. Johann kündigt an, mit seiner Mutter darüber zu sprechen, dass Vera manchmal bei ihm übernachten wird. Überdies will er mit Ludwig ein Gespräch über seine Beziehung mit Vera führen.

Kapitel 5: Der Unfall (S. 123–131)

Schon am nächsten Morgen spricht Johann mit seiner Mutter und kündigt an, dass demnächst ein Mädchen bei ihm übernachten werde. Die Mutter sieht Johann nur traurig an und sagt nichts dazu. Nach der Schule fährt Johann zu Ludwig. Dieser hat die Führerscheinprüfung bestanden und erzählt kurz davon. Johann freut sich sehr für seinen Freund. Anschließend starten die beiden Jungen zu einer Ausflugsfahrt mit ihrem Motorrad, die Johann sehr genießt. Während einer Kaffeepause überlegt Johann, Ludwig von seiner Beziehung mit Vera zu erzählen, unterlässt es aber, weil er den Moment für nicht geeignet hält. Bevor sie weiterfahren, klopft Ludwig Johann auf die Schulter.

An der nächsten, eigentlich übersichtlichen Kreuzung sieht Johann einen Lastwagen nahen. Für Johann überraschend bremst Ludwig nicht ab, obwohl der Lastwagenfahrer Vorfahrt hat, und es kommt zum Zusammenstoß. Nach dem Aufprall schlägt Johann auf die Straße auf und sieht Ludwigs Helm, der gegen einen Leitpfosten prallt und dann auf der Straße kreiselt. Johann ist schwer verletzt, Ludwig stirbt. Im Nachhinein vermutet Johann, Ludwig sei durch einen Heißluftballon abgelenkt gewesen oder er habe sich verschätzt, weil er wenig Erfahrung hatte.

Jahrelang besucht Johann regelmäßig die Kreuzung, anfangs bringt er Trauerkränze mit. Seit dem Unfall hinkt er, was seinen Erfolg bei Frauen jedoch nicht beeinträchtigt. Obwohl seine Beziehungen, die er bei seiner Arbeit knüpft, meist schon nach wenigen Wochen beendet sind, fühlt sich Johann nicht allein, denn er empfindet seine Trauer um Ludwig als eine Form von Gesellschaft.

Kapitel 6: Was von der Freundschaft übrig bleibt (S. 132–134)

Johann ist nach Ludwigs Tod zwei Jahre mit Vera zusammen gewesen. Eines Tages sind sie auf den Unfall zu sprechen gekommen, wobei Vera die Behauptung aufgestellt hat, Ludwig habe den Unfall absichtlich verursacht, um sich und Johann für immer zusammenzuschweißen und um sich für die Beziehung zwischen Johann und Vera zu rächen. Johann hat völlig überrascht und entsetzt reagiert. Er hat Ludwig verteidigt, indem er behauptete, Vera sei nur eifersüchtig auf die Freundschaft zwischen Ludwig und ihm. Danach hat sich ihre Beziehung verändert, weil Johann Vera die Verdächtigungen gegen Ludwig nicht verzeihen konnte. Ein halbes Jahr später hat Vera ihr Studium in den Vereinigten Staaten fortgesetzt und der Kontakt ist abgebrochen.

Nach Jahren hat sich Vera nun wieder bei Johann gemeldet, sie arbeite mit Computern und habe ein Kind. Sie will Johann am nächsten Tag besuchen kommen und dieser freut sich darauf.

Der „Zweier ohne“ – eine Bootsklasse

Der „Zweier ohne (Steuermann)“ ist eine olympische Ruderbootsklasse, in der zwei Ruderer jeweils ein Ruder (Riemen) mit beiden Händen bedienen. Das Ruderboot hat ein Gewicht von 27 Kilogramm, es ist etwa zehn Meter lang und 35 Zentimeter breit. Die Ruderer sitzen mit dem Rücken zur Fahrtrichtung, wobei der Bugmann in der Fahrtrichtung vorne sitzt, im Bug des Bootes, und der Schlagmann hinten, im Heck. Diese technisch anspruchsvolle Bootsklasse verlangt besondere Fähigkeiten von den Ruderern. Sie müssen sich gut auf ihren Partner einstellen und verlassen können. Das Gleichgewicht im Boot wird insbesondere durch die Ruder gehalten, deswegen ist jeder Ruderer für seine Seite allein verantwortlich.[5] Weil eine zusätzliche Person, der Steuermann, fehlt, können höhere Geschwindigkeiten gefahren werden.[6]

Der **Bugmann** richtet sich nach den Bewegungsabläufen des Schlagmanns, um das Boot möglichst gleichmäßig nach vorne zu bewegen. Außerdem achtet er auf andere Boote und auf die Fahrtrichtung. Dazu muss er sich zeitweise umdrehen, um den Schlagmann informieren zu können. Der **Schlagmann** gibt die Frequenz der Ruderschläge vor, d. h. die Zeitpunkte, zu denen die Ruder in das Wasser eingetaucht und wieder herausgehoben werden.[7] Dabei muss er die Schlagzahl möglichst konstant halten. Außerdem bestimmt er die Taktik des Rennens (Start, Spurts) und er lenkt das Boot mit einem **Fußsteuer**. Dies besteht aus einem Brett, das durch Seilzüge mit dem Steuerblatt am Heck des Bootes verbunden ist. Die Beherrschung ist schwierig, da in der Anstrengung das Boot versehentlich aus der Bahn gelenkt werden kann.[8]

Die Wettrennen werden in verschiedenen Gewichts- und Altersklassen gefahren. Die **Regattastrecke** ist bei 13- bis 14-Jährigen 1000 Meter lang, bei 15- bis 16-Jährigen 1500 Meter. Die 17-Jährigen rudern die olympische Distanz von 2000 Metern.

Ludwig (vorne, Schlagmann) und Johann beim Ruder-Training. (Foto aus dem Film *Zweier ohne*)

Textanalyse und Interpretation

1 Charakterisierung der Figuren

Johann

Johann ist zu Beginn der Freundschaft mit Ludwig 11 Jahre alt. Mit seinen Eltern ist er vor einiger Zeit aus Berlin in die Kleinstadt an einem Stausee der Ruhr gezogen. In der Freizeit spielt er gern Fußball oder am Computer oder er liest (vgl. S. 20). Außerdem ist er Mitglied in einem Ruderverein – als Zwölfjähriger rudert er in einem Vierer, später mit Ludwig in einem Zweier ohne Steuermann. Er befindet sich am **Anfang der Pubertät** und beginnt gerade, sich von den Eltern zu distanzieren: „Etwas mit den Eltern zu unternehmen war unwürdig geworden [...].“ (S. 14) Dennoch sehnt er sich nach der Geborgenheit seines Zuhauses, als er sich in der ersten Nacht bei Ludwig unsicher fühlt:

> *Ich wollte nach Hause. Ich wollte [...] in das Zimmer, das neben dem Schlafzimmer meiner Eltern lag. Und die Tür ein bisschen auflassen.* (S. 17)

Vor Autoritäten in der Schule hat er Respekt, auch aus Angst vor möglichen Strafen (vgl. S. 12 f.). Gegenüber seinen Schulkameraden ist er eher **zurückhaltend** und hält sich meistens „abseits“ (vgl. S. 18). Obwohl er auf der **Suche nach einem Freund** ist, mit dem er seine Gedanken und Erlebnisse teilen kann, erwartet er, dass er von anderen Jungen angerufen wird, anstatt selbst aktiv zu werden (vgl. S. 18). Johann ist sich offenbar nicht bewusst, dass seine Passivität der Grund dafür sein könnte, dass er noch keinen Freund gefunden hat (vgl. S. 15). Ludwigs Einladung nimmt er deshalb sofort an, als dieser ihn eines Tages anruft.

Von Anfang an **akzeptiert er dessen dominantes Verhalten**, beispielsweise gibt er nach, als Ludwig darauf besteht, mit dem Schiff nach Hause zu fahren (vgl. S. 10), und unterwirft sich auch Ludwigs Vorschlag, auf die Brücke zu gehen. Obwohl er Angst hat, macht er bei der Mutprobe mit, denn er ist sich über die Bedeutung im Klaren: „Es war ein Test, und das wusste ich." (S. 25) Auf der Brücke ist ihm nicht wohl dabei, die Ermahnungen seiner Eltern zu ignorieren: „[Ich war] jetzt das Kind meiner Eltern. Auto gleich Gefahr, Autobahn kein Spielplatz." (S. 26) Den drohenden Unfall sieht er förmlich vor sich (vgl. S. 27). Trotzdem folgt er den Anweisungen Ludwigs zunächst ohne Widerrede. Erst als dieser vorschlägt, die Autobahn zu überqueren, äußert Johann seine Bedenken: „Das ist zu gefährlich, sagte ich." (S. 27) Doch sein **Wunsch nach Zugehörigkeit** ist so groß, dass er mitmacht, auch weil Ludwig ihm zu verstehen gibt, dass er es von ihm erwartet, wenn sie Freunde werden wollen. In der ersten Nacht bei Ludwig überlegt Johann, ob dieser nun sein Freund sein könne, und ist diesbezüglich eher skeptisch (vgl. S. 28).

Wie viele Kinder seines Alters hat Johann **Angst vor dem Tod** und vor Toten; er bezeichnet sie als die schlimmste seiner Ängste (vgl. S. 35). Ludwigs souveräner Umgang mit dem toten Mädchen zeigt ihm, dass dieser ihm gegen seine Angst helfen kann, weshalb er alle zuvor gehegten Bedenken beiseiteschiebt und beschließt, Ludwigs Freund zu sein.

Als 11-Jähriger wirkt Johann **kindlich**, gerne träumt er sich noch in Fantasiewelten hinein: „[...] ich war ein Trapper, an dem eine Horde Indianer vorbeigaloppierte." (S. 26) In der Nacht bei Ludwig vermutet er, als er Schritte hört, es seien Tote, die durch das Haus laufen, wie seine Mutter es ihm in einer Indianergeschichte erzählt hat (vgl. S. 17). Als er das tote Mädchen im Garten liegen sieht, denkt er, es sei „vom Himmel gefallen" (vgl. S. 9, 32) und vergleicht es mit einer achtlos beiseitegelegten Kasper-Puppe im Kindergarten (vgl. S. 33). Gegenüber Ludwigs 10-jähriger Schwester verhält er sich noch uninteressiert (vgl. S. 23) und er scheint nur wenig über Mädchen zu wissen (vgl. S. 30).

Im Alter von **16 Jahren** findet sich Johann wie viele andere Jugendliche in der Pubertät hässlich und unerträglich, wechselweise voller Zweifel und Hoffnungen (vgl. S. 49). Anders als Ludwig hat Johann nun mittlerweile das **Bedürfnis nach neuen sozialen Kontakten** und sein **Interesse an Mädchen** erwacht. Johann betrachtet z. B. die 15-jährige Vera in der Schule und sie gefällt ihm (vgl. S. 59). Seine sexuellen Bedürfnisse werden durch entsprechende Filme im Autokino und Bemerkungen von Schulfreunden angeheizt (vgl. S. 38 f.). Ein Jahr später betrachtet Johann sich selbst als gutaussehend, kräftig und trainiert (vgl. S. 39). Obwohl er selbst ein Mädchen hätte finden können, ordnet er sich dem Zwillingsgelübde unter und beschließt, das erste sexuelle Erlebnis gleichzeitig mit Ludwig zu haben. Beim ersten Mal mit Josefine ist er zunächst verunsichert, genießt aber dann das Erlebnis („Sie war mir in diesen Stunden eine weiche, warme, feuchte Höhle, und ich hatte keine Angst.“, S. 46) und verspürt in den nächsten Tagen Sehnsucht nach dem Mädchen. Ohne Widerrede akzeptiert er jedoch Ludwigs Anweisung, die „Russenschlampe“ zu vergessen (vgl. S. 52). Er bemüht sich, seine Gefühle zu unterdrücken, obwohl er das Verlangen verspürt, „so etwas noch einmal zu erleben“ (S. 52).

Was sich im Zusammensein mit Josefine schon abzeichnet, verdeutlicht sich wenige Monate später, als er eine **Beziehung mit Vera** beginnt: Da er weiß, dass er damit gegen das Zwillingsversprechen verstößt, verheimlicht er sie gegenüber Ludwig. Er versucht aber zumindest die Zeit, die er mit dem Mädchen – also nicht mit Ludwig – verbringt, möglichst gering zu halten. Johann ist ein **zärtlicher Liebhaber** (vgl. S. 63 f., 74 f.), der seine Lust genießen kann und auch artikuliert („Ich schrie auf“, S. 76).

Gegenüber anderen zeigt Johann **Empathie**. Als Ludwig es für notwendig erachtet, die Freundschaft zu Marco zu beenden, ist Johann zwar sofort damit einverstanden, er kann sich jedoch in Marco hineinversetzen: „Es war sicher bitter für Marco“ (S. 59). Die Freundschaft beendet er „schonend [...], ohne ihn zu verletzen“ (S. 59), wie er sich selbst versichert. Den Schluss, dass dies vermutlich nicht möglich ist, kann der Leser selbst ziehen. Johann hat auch **Mitleid** mit Vera und tröstet sie, als sie wegen des entführten Mädchens weint (vgl. S. 62 f.). Zudem schützt er sie vor den Schlägen ihres Bruders (vgl. S. 90) und drückt damit auch vor Ludwig seine Zuneigung zu Vera aus. Er unterlässt es aber, mit ihm über dessen Gewaltausbruch zu reden, sondern rechtfertigt das Ereignis im Nachhinein als normale Auseinandersetzung zwischen Geschwistern, obwohl er spürbar erschüttert ist.

Inwiefern sich Johann auch in Ludwig hineinversetzen kann, ist nicht ganz klar. Er ist zwar empfänglich für dessen Stimmungen – z. B. macht er sich Sorgen, als Ludwig im Verlauf des Sommers immer schweigsamer wird –, er zieht aber häufig die falschen Schlüsse. Ludwigs schlechte Stimmung führt er lediglich auf dessen Gewichtsprobleme zurück und akzeptiert es, nicht mehr zum Griechen zu gehen (vgl. S. 81), weil er darin die Lösung für das Problem sieht. Dass Ludwigs Verhalten auch die eifersüchtige Reaktion auf Johanns Beziehung zu Vera sein könnte, auf diese Idee kommt er nicht. Als Ludwig kurz vor dem Rennen übermäßig zu essen beginnt, stellt er ihn nicht zur Rede, sondern betrachtet es als dessen gutes Recht und fastet lieber stumm an seiner Stelle. Nach dem verlorenen Rennen macht er sich größte Sorgen um Ludwig und rechnet sogar mit dessen Selbstmord. Von seiner eigenen Enttäuschung ist nicht die Rede, so wie er stets seine eigenen Wünsche und Vorstellungen nicht artikuliert oder nur im Geheimen auslebt. Darin zeigt sich seine **emotionale Abhängigkeit** von Ludwig, die es ihm unmöglich macht, selbstbewusst zu seinen Empfindungen zu stehen.

Auch Veras Verhalten interpretiert Johann gelegentlich falsch. Als er ihr nach dem verlorenen Rennen auf der Brücke begegnet, vermutet er sofort, dass sie sich aus Liebeskummer von der Brücke stürzen will. „Natürlich will niemand, dass ein Mensch seinetwegen Selbstmord begeht, andererseits gibt es keinen größeren Beweis der Liebe [...].“ (S. 121) Die Möglichkeit, dass Vera auf der Brücke ist, weil sie sich um Johann sorgt, kommt ihm nicht in den Sinn.

Seine Mutter grenzt Johann aus seinem Leben weitgehend aus und behandelt sie zum Teil von oben herab. Mit 17 befindet er sich „in einem Alter, in dem Eltern fast nur peinlich [sind]“ (S. 94), wie er selbst sagt. Eines Nachts sieht er seine Mutter im Schlafanzug und er bemerkt, dass diese alt geworden ist. Deswegen bemitleidet er sie und sich selbst auch. Er gesteht sich ein, dass sein Verhalten und das seiner Altersgenossen gegenüber den Eltern „manchmal ganz schön grausam“ (S. 95) ist.

In seine Freundschaft mit Ludwig lässt er sich von seiner Mutter nicht hineinreden. Er reagiert nicht auf ihre Sorgen, wahrscheinlich erachtet er es nicht für notwendig, sich zu rechtfertigen. Er schickt sie einfach wieder ins Bett, als sie eines Nachts wegen eines Anrufs von Ludwig aufgestanden ist, und wundert sich noch darüber, dass sie widerspruchslos Folge leistet (vgl. S. 95). Es ist anzunehmen, dass Johann gewissermaßen eine dominante Rolle gegenüber seiner Mutter einnimmt, vielleicht aufgrund des nicht anwesenden Vaters.

Nach Ludwigs Tod ist Johann zwei Jahre mit Vera zusammen, dies zeigt eine gewisse Bindungsfähigkeit. Die Beziehung scheitert aber daran, dass Johann Veras Äußerungen über Ludwig nicht verwinden kann. Als Erwachsener hat er weiterhin **Erfolg bei Frauen**, Beziehungen fallen ihm jedoch schwer und meistens sind sie nach wenigen Wochen beendet (vgl. S. 127 f.). Johann lebt allein und arbeitet in der Lebensmittelabteilung des Kaufhauses, in dem auch seine Eltern arbeiten. Daraus könnte man schließen, dass er nach Ludwigs Tod ratlos war, was er mit seinem Leben anfangen soll, und deshalb das Nächstbeste gewählt hat. Nach wie vor gelingt es ihm nicht, die knapp siebenjährige Freundschaft zu Ludwig aus der Distanz und objektiv zu betrachten. Dass diese im Laufe der Zeit zu einem äußerst problematischen Verhältnis geworden ist, realisiert er nicht. Vielmehr **idealisiert** er die Freundschaft (vgl. S. 128). Wie unterschiedlich hingegen ihre beiden Rollen waren und wozu letztendlich die fatale **symbiotische Verstrickung** geführt hat, will Johann sich nicht eingestehen. Den naheliegenden Verdacht, dass Ludwig ihrer beider Tod geplant hat, um sie „für immer zusammenzuschweißen“ (S. 133), weist er weit von sich. Bis in die Gegenwart hinein ist es für Johann nicht zu ertragen, wenn jemand Ludwig kritisiert (vgl. S. 115, 133).

Vera und Johann nach dem Unfall. (Szene aus dem Kinofilm *Zweier ohne* von 2008)

Ludwig

Ludwig wird nur indirekt durch die Äußerungen des Erzählers Johann charakterisiert. Seine Verhaltensweisen und seine Äußerungen werden beschrieben, jedoch bleiben seine Gedanken und inneren Beweggründe, bedingt durch die Erzählperspektive, dem Leser verborgen (siehe *Interpretationshilfe*, S. 50 ff.).

Ludwig ist an den Anforderungen des Gymnasiums der Nachbarstadt gescheitert und wechselt deshalb in Johanns Klasse. Trotz dieser demütigenden Situation und seines wenig ansprechenden Äußeren (vgl. S. 13, 27 f.) strahlt er **Selbstbewusstsein** aus, was sich anfangs in seinem unbekümmerten, fröhlichen Verhalten gegenüber der neuen Klasse und dem Rektor äußert: „Ludwig grinste. [...] Er lachte laut und fröhlich und lang." (S. 12) „Vom ersten Tag an" (S. 18) ist er in die neue Schulgemeinschaft integriert. Johann fällt aber auf, dass Ludwig immer dort zu finden ist, „wo das größte Gedränge oder die schlimmste Keilerei" stattfindet (S. 18), er ist also **körperlichen Auseinandersetzungen** gegenüber nicht abgeneigt. Ludwig zeigt auch schon ansatzweise ein **dominantes Verhalten**, wenn er redet und alle anderen Mitschüler schweigen, was Johann verwundert, da es „eigentlich nicht unsere Art [war] miteinander umzugehen" (S. 18).

Während seines zweiten Telefonats mit Johann nimmt Ludwig Bezug auf sein Äußeres und betont, dass er kein Albino sei (vgl. S. 21). Vermutlich, weil er schon Hänseleien über sich hat ergehen lassen müssen, versichert er sich diesbezüglich Johanns Loyalität als erste Voraussetzung für eine mögliche Freundschaft.

Ludwig erfährt von seiner **Familie** kaum Zuwendung und Interesse, denn die Eltern haben wohl selbst mit Problemen zu kämpfen. Innerhalb der Familie herrscht buchstäblich Sprachlosigkeit und es findet keinerlei Austausch statt, weshalb Ludwig mehr oder weniger sich selbst überlassen ist.

Die **Lehrer**, die von den Jungen eher „mit Nachsicht" betrachtet werden, nehmen laut Johann zwar „ihre Aufgabe, uns auf die Welt der Erwachsenen vorzubereiten, rührend ernst" (S. 57), es scheint aber nicht so zu sein, dass sie den Jungen in ihrer persönlichen Entwicklung unterstützend zur Seite stehen. So hat Ludwig über die ganzen Jahre der Pubertät vermutlich nur **einen einzigen Ansprechpartner**, nämlich Johann. Lediglich in der Freundschaft mit ihm erfährt er Zuwendung und Zugehörigkeit. Zusätzlich zu dem anfänglichen gemeinsamen Erlebnis mit dem toten Mädchen verbindet Ludwig mit Johann der Rudersport. Das gemeinsame Ziel, bei Wettkämpfen erfolgreich zu sein, gibt ihnen Gelegenheit zu einer emotionalen Nähe, die sie in anderen Lebensbereichen vielleicht vermissen.[9] Die dort erkämpften Siege stärken Ludwigs Selbstbewusstsein, weshalb er überaus engagiert ist in dem Bemühen, ihren Erfolg nicht zu gefährden. Er kommt auf die Idee, durch ein Zwillingsverhältnis mit seinem Wettkampfpartner die kürzlich aufgekommene Konkurrenz schlagen zu können. Dies bietet ihm außerdem die Möglichkeit, Johann (auch in anderen Lebensbereichen) noch enger an sich zu binden. Darin äußern sich vielleicht bereits mangelndes **Selbstwertgefühl** und die daraus resultierende **Angst vor Kontrollverlust**. Möglicherweise befürchtet er, Johann zu verlieren, wenn er ihn mit anderen teilen muss. Ludwig unterbindet deshalb Johanns anderweitige Kontakte (Marco, Josefine), obwohl dieser die Beziehungen als positiv erlebt. Das Verhältnis zwischen Johann und Vera kann Ludwig nicht verborgen bleiben. Ludwig betrachtet es als Einbruch in die bestehende Freundschaft, die er dadurch gefährdet sieht.

Ludwig ist offenbar nicht sonderlich an Mädchen interessiert. In der Zeit vor dem ersten Mal mit Josefine zeigte er „nie ein größeres Interesse an diesem Thema" und er ergreift anscheinend nur auf Drängen Johanns hin die Initiative (vgl. S. 52). Dennoch sind Anzeichen von Vorfreude auf sein erstes sexuelles Erlebnis zu bemerken (vgl. S. 40). Hinterher verlässt er jedoch wortlos das Haus (vgl. S. 44) und vermeidet später jegliches Gespräch über das Ereignis (vgl. S. 50). Aus diesem Verhalten lässt sich schließen, dass es für ihn kein beglückendes Zusammensein gewesen ist. Dies steht im Widerspruch zu den positiven Berichten, die die Jungen zuvor gehört haben: „Schulkameraden, die es gemacht hatten, auch jüngere als wir [...] bestätigten unsere Sehnsüchte und heizten sie an." (S. 38 f.) So muss seine eigene Erfahrung für Ludwig niederschmetternd sein, denn offenbar erfüllt er nicht das männliche Rollenmuster.[10] Anstatt mit Johann über seine Erfahrungen zu reden und Hilfe in seiner Unsicherheit zu erhalten, vielleicht seine mögliche Homosexualität zu thematisieren, vermeidet Ludwig von nun an das Thema völlig.

Insgesamt lässt sich feststellen, dass bei Ludwig eine unheilvolle Grunddisposition vorliegt, die schon im Kindesalter begünstigt wird durch sein wenig vorteilhaftes Äußeres und sein schulisches Scheitern. Die Verlustängste in Bezug auf Johann und seine Abweichung vom männlichen Rollenbild wirken vermutlich ebenfalls negativ auf sein Selbstbild. Da Ludwig in seiner Familie zudem kaum Interesse und emotionale Zuwendung erfährt, er sich vielleicht „verlassen" fühlt, liegt der Schluss nahe, dass seine Anfälligkeit für eine **Depression** mit zunehmendem Alter steigt.[11] Bestimmte Verhaltensweisen im Verlauf der Handlung könnten bei Ludwig als Symptome dieser Erkrankung gedeutet werden[12]:

- **Rückzug aus Beziehungen und Probleme in Freundschaften:** Außer zu Johann hat Ludwig keinen Kontakt zu anderen, auch innerhalb seiner Familie sind die Beziehungen verhältnismäßig emotionslos (Vera, Vater). Die Problematik in der Freundschaft zu Johann kann er nicht aktiv angehen, beispielsweise im Gespräch. Im Vergleich zu früher („[Wir] erzählten uns jeden Gedanken, damit er auch zum Gedanken des anderen werden konnte", S. 49 f.) wird er auch hier zunehmend schweigsamer (vgl. S. 65, 90).
- **Steigende Intensität und Häufigkeit von Wutausbrüchen:** Ludwig schlägt und tritt einen von Josefines Brüdern, später

seine Schwester, im Anschluss daran prügelt er sich mit Johann. Auch verbale Entgleisungen (z. B. „Scheiß-Griechenfraß", S. 81) sind vermehrt festzustellen.

- **Essstörungen:** Anstatt auf sein Gewicht zu achten, mit dem er immer mehr zu kämpfen hat (vgl. S. 65), gibt sich Ludwig kurz vor dem Rennen Fressattacken hin und gefährdet damit die Teilnahme (vgl. S. 113 ff.).
- **Übersteigerter Einsatz beim Sport:** In seinem Bemühen, die enge Freundschaft auch durch Erfolge beim Rudern zu bestätigen, verlangt Ludwig offenbar mehr Engagement: „Wir forcierten das Training" (S. 81, vgl. auch S. 89)
- **Gesteigerte Albernheit:** Angesichts des toten Bauern verfallen die Jungen in eine nicht nachzuvollziehende „alberne Stimmung", sie „kichern" und sind „ausgelassen". Johann erklärt sich ihr Verhalten mit „eine[r] Art Lachgas", die der verwesenden Leiche entströmt (vgl. S. 100 f.).
- **Hilfe anderer ablehnen:** Während der Arbeit am Motorrad ist es nie Ludwig, der seinen Vater um Rat und Hilfe bittet, sondern immer Johann: „[…] es war, als trenne ein Kreidestrich unsere Ecke der Werkstatt ab, und Ludwigs Vater wusste, dass er ihn nicht überschreiten durfte." (S. 81)
- **Verstärkte Bereitschaft zum Risiko:** Die gefährlichen Aktionen auf der Brücke und das Fahren ohne Führerschein sind dafür Hinweise.
- **Gespräche über Tod, Sterben oder Selbstmord:** Ludwig zeigt schon als Kind ein erstaunlich abgeklärtes, sogar euphorisches Verhalten angesichts des toten Mädchens. Aufgrund der Lage seines Elternhauses unter der „Selbstmörderbrücke" ist er schon früh mit diesem Thema in Berührung gekommen. Ludwig ist fasziniert vom Tod, immer wieder spricht er davon und äußert dabei Ansichten, die Johann meist unverständlich bleiben. Auch der Selbstmord ist wiederholt Thema.

Seine Mitmenschen betrachtet Ludwig nicht als eigenständige Wesen, sondern nur dahingehend, in welchem Verhältnis sie zu ihm stehen. Ludwig entwickelt sich über die Jahre zu einem **Einzelgänger**, der kaum Empathie gegenüber seinen Mitmenschen zeigt, da er nicht an ihnen interessiert ist. Er ist nicht in der Lage, problematische Situationen zu lösen, denn er hat nicht gelernt, Konflikte anzusprechen und nach einer konstruktiven Lösung zu suchen. Deshalb verfügt er nur über **beschränkte Handlungsmöglichkeiten**, um seine Probleme zu bewältigen: Wutausbrüche, körperliche Angriffe, insbesondere aber Schweigen. Er frisst buchstäblich alles in sich hinein – im wörtlichen wie im übertragenen Sinn.

Als Johann sich mit Vera anfreundet, muss Ludwig erkennen, dass sein Wunsch nach einer totalen Zweierbeziehung dauerhaft nicht erfüllt werden kann, weshalb er sich in die extremste, **ultimative Lösungsmöglichkeit** flüchtet: Er inszeniert die gemeinsame **Fahrt in den Tod**.

Charaktereigenschaften der Hauptfiguren

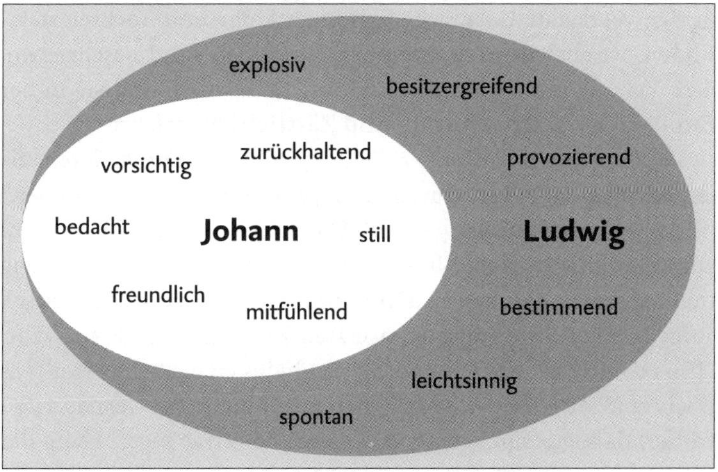

Vera

Vera ist ein Jahr jünger als Ludwig und Johann (vgl. S. 23). Zu Beginn der Erzählung ist sie groß für ihr Alter und dünn. Sie hat kurze blonde Haare, ein schmales Gesicht mit einer spitzen Nase, ein wenig abstehende Ohren und runde, graue Augen. Am rechten Brustansatz ist ein Leberfleck zu sehen. Sie trägt oft geblümte Kleider, auch fünf Jahre später noch (vgl. S. 42, 59, 73).

Vera ist die Einzige in der Familie, die Ludwig die Stirn bietet. Während die Mutter ständig abwesend ist, der Vater schweigt oder nur hilflose Erziehungsversuche unternimmt, wie aus seinem Verhalten nach der unerlaubten Motorradfahrt deutlich wird, hält Vera dagegen. Schon beim Pfannkuchen-Wettessen mischt sie sich in die Beziehung zwischen Ludwig und Johann ein und gewinnt schließlich sogar (vgl. S. 31). Möglicherweise zeigt dieses Verhalten den **Wunsch nach Beachtung**, weil Ludwig sie am Nachmittag Johann nicht vorgestellt hat (vgl. S. 23).

In ihrem **Wunsch nach Nähe** sitzt sie regelmäßig in der Werkstatt auf einem Hocker neben ihrem arbeitenden Vater (vgl. S. 22), später übt sie dort Ballettschritte (vgl. S. 42, 59). Dass in der Werkstatt Gespräche zwischen Vater und Tochter stattfinden, ist eher unwahrscheinlich. Mehrmals wird beschrieben, dass Vera den Kater streichelt, vielleicht deshalb, weil sie in der Familie **wenig Zuwendung und Zärtlichkeit** erfährt.

Vera scheint Johann über die Jahre nicht zu interessieren, allenfalls fällt sie ihm durch ihre „komischen Fußstellungen" (S. 42), ihre Ballettübungen, auf. Dies ändert sich, als beide wohl zum ersten Mal alleine in einem Raum sind, während Ludwig mit Josefine zusammen ist. Dort nimmt Johann sie in der erotisch aufgeladenen Stimmung zum ersten Mal als junge Frau wahr: „[B]is dahin" hat er sie immer als „Ludwigs kleine Schwester" betrachtet (S. 42). Vera unterhält sich mit Johann, im Gegensatz zu früher, da sagte sie „wenig und wenn sie etwas sagte, klang das meistens bockig" (S. 42). Sie scheint sich also in ihrem Interesse für Jungen, vielleicht auch schon in dem zu Johann, weiterentwickelt zu haben.

Als sie in der Werkstatt aus Mitgefühl mit dem entführten Mädchen weint und Johann sie zum Trost umarmt, nutzt sie die emotional aufgeladene Situation. Auf Johanns eher unbewusst ausgeführte Berührungen („Zwei Finger schob ich langsam und nur für wenige Sekunden unter den kurzen Ärmel ihres Kleides“, S. 63) geht sie **aktiv** ein („ihre [Finger spielten] irgendwann in meinem Nacken“, S. 62). Auch wenige Wochen später wehrt sie sich nicht gegen Johanns Berührungen, sie scheint sie vielmehr zu genießen („Sie stand reglos da, ihre Augen waren geschlossen“, S. 74). Beim darauffolgenden sexuellen Akt übernimmt sie die **Initiative** (vgl. S. 75 f.). Vera bietet Johann in der Folgezeit eine genussvoll gelebte Sexualität, auf die dieser trotz seines schlechten Gewissens nicht verzichten mag.

Regelmäßig **überschreitet Vera die Grenze**, die Johann und Ludwigs Freundschaft umgibt. Sie will auch in den Turm in Asien einziehen (vgl. S. 85 ff.), sich mit Johann tagsüber in der Schule treffen und sie setzt sich sogar auf das Motorrad der beiden Jungen (vgl. S. 87). Johann sind Veras Ambitionen zumeist unangenehm; Ludwig wird ihr gegenüber sogar gewalttätig. Doch Vera bleibt an Johanns Seite, sie nimmt es hin, dass sie nur dann mit ihm zusammen sein kann, wenn es nicht „auf Kosten von Zeit mit Ludwig“ (S. 88) geht und dass ihre Beziehung aus Rücksicht auf Ludwig geheim bleiben muss.

Vera beweist auch **Scharfsinn und Selbstbewusstsein**, was Johann zweimal als „schnippisch“ bezeichnet (S. 86, 89). Auf Johanns Frage, ob sie wirklich auch mit Flavia ins Bett gehe, gibt sie keine direkte Antwort, sondern macht sich eher lustig über Johann, indem sie antwortet, mit ihm gehe sie ja nicht ins Bett, sondern treffe sich auf einer Decke unter der Brücke (vgl. S. 88 f.).

Als Vera zwei Nächte vergeblich in der Werkstatt auf Johann gewartet hat, weil dieser und Ludwig mit dem toten Bauern beschäftigt waren, dreht sie den Spieß um und lässt Johann eine Woche lang leiden (vgl. S. 109).

Vera **hinterfragt Zustände und Vorgänge**. Als Grund dafür, dass Ludwigs Vater nie zu den Rennen mitkommt, vermutet sie, dass er Angst vor einer Niederlage der Jungen habe. Sie möchte auch den Grund für Ludwigs Fressattacke wissen („Was hat er?", S. 114). Sie sieht in Ludwigs neuem Essverhalten die Chance, dass er vielleicht weniger angespannt ist („nicht immer so krampfig", S. 114 f.). Es ist eher nicht davon auszugehen, dass ihr die Zufriedenheit ihres Bruders und das abendliche Zusammensein in der Familie am Herzen liegt, vielmehr nutzt sie wohl die Gelegenheit, die Freundschaft der Jungen zu torpedieren.

Als zwei Jahre nach Ludwigs Tod die Sprache auf den Unfall kommt, will Vera auch dazu die Hintergründe wissen („sie [begann] plötzlich, komische Fragen zu stellen", S. 132) und zieht die logischen Schlüsse, woran die Beziehung schließlich zerbricht:

Er hat es mit Absicht gemacht [...]. Den Unfall, [...] er hat das Motorrad nur gebaut, um sich und dich für immer zusammenzuschweißen. Um euch endgültig zu vereinen. Und um sich unseretwegen zu rächen. (S. 133)

Figurenkonstellation

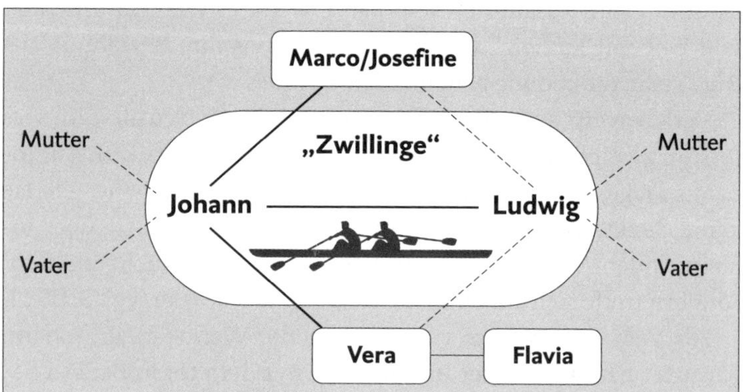

Johanns Eltern

Johanns Familie ist von Berlin in das Städtchen am Stausee umgezogen (vgl. S. 58) und lebt in einem Mehrfamilienhaus (vgl. S. 17). Die Mutter hält die Wohnung sauber, es gibt neue Möbel, leise schließende Türen und Teppichböden (vgl. S. 29).

Beide Elternteile zeigen Johann gegenüber **Fürsorge und Interesse**. Sie sind beispielsweise immer böse, wenn er nach dem Fußballspiel erst im Dunkeln nach Hause kommt (vgl. S. 19), weil sie sich Sorgen um ihn machen. Auch noch beim letzten Rennen der fast 18-Jährigen, dem Landesentscheid, sind Johanns Eltern und die neue Frau des Vaters dabei. Nach der Niederlage reden sie mit dem Jungen und versuchen ihn zu **trösten**, wie dies fürsorgliche Eltern tun, um „aus den Niederlagen ihrer Kinder kleine Siege [zu] machen“ (S. 119).

Als Johann 13 Jahre alt ist, trennen sich seine Eltern (vgl. S. 43) und er lebt fortan mit seiner Mutter (vgl. S. 82) allein. Beim gemeinsamen Essen kommt die Mutter immer wieder auf den geschiedenen Ehemann zu sprechen, aber ohne Zorn (vgl. S. 82), denn die Eltern und die neue Frau des Vaters haben ein freundschaftliches Verhältnis zueinander.

Johanns **Mutter** bemüht sich um ihren Sohn. Sie hat Bedenken, als er zum ersten Mal bei Ludwig übernachten will (vgl. S. 21), und als Johann nur noch zum Schlafen nach Hause kommt (vgl. S. 49), leidet sie darunter (vgl. S. 92). Abends ist sie schon im Bett, lässt aber ihre Zimmertür offen, bis Johann nach Hause kommt (vgl. S. 93). Ebenso ist sie beunruhigt, als ihr Sohn wegen Ludwigs Gewichtszunahme fastet (vgl. S. 115), und erleichtert, als er nach dem Rennen wieder ordentlich isst (vgl. S. 119). Sie zeigt auch **Einfühlungsvermögen und Zärtlichkeit** Johann gegenüber: In seiner Kindheit erzählt sie ihm Indianergeschichten (vgl. S. 17); noch den Jugendlichen weckt sie morgens mit netten Worten und streicht über seine Wange (vgl. S. 93). Die Mutter zeigt **Verlustängste**, beispielsweise indem sie Johann verbietet, unter der Woche bei Ludwig zu übernachten, bevor er 18 Jahre alt ist (vgl. S. 83). Als Johann Vera ankündigt, protestiert sie jedoch nicht und verhält sich eher **passiv**, sie schweigt und sieht ihn nur traurig an. Johann vermutet, dass sie so auch seinen Vater angesehen hat, als dieser ihr seinen Auszug mitgeteilt hat (vgl. S. 123 f.). Generell geht sie Konfrontationen offenbar lieber aus dem Weg.

Wie seine Mutter arbeitet auch Johanns **Vater** im Kaufhaus (vgl. S. 66). Er will sich kein Rennen von Johann entgehen lassen und fährt Johann und Ludwig zu jeder Regatta (vgl. S. 66). Trotz der Trennung von seiner Frau **nimmt er weiterhin am Leben seines Sohnes teil** und integriert auch seine zweite Frau in das Familienleben. Diese, eine Kollegin aus dem Kaufhaus, fährt auch mit zu den Rennen (vgl. S. 66). Als Johann seinem Vater ankündigt, dass er alleine mit Ludwig zum fünften Rennen der Saison fahren wird, fragt sein Vater nicht lange nach, sondern erklärt, trotzdem zur Regatta zu kommen. Johann kommentiert dies so: „Ich glaube, er war sehr stolz auf mich." (S. 67)

Johanns Vater macht sich auch **Gedanken über den Freund** seines Sohnes. Viele Jahre nach Ludwigs Tod sagt er einmal, dass Ludwig „ein ziemlich verschlossener Bursche" (S. 133) gewesen sei. Ob er die mögliche Gefahr vielleicht schon früher erkannt und versucht hat, mit Johann über die problematische Freundschaft zu sprechen, geht nicht aus dem Text hervor. Es ist jedoch davon auszugehen, dass dies aufgrund der zunehmenden **Entfremdung** Johanns von den Eltern unterblieben ist.

Ludwigs Eltern

Ludwigs Elternhaus steht außerhalb der Stadt, unter der Autobahnbrücke (vgl. S. 15), und ist mit dem Fahrrad von der Schule aus in einer Viertelstunde zu erreichen (vgl. S. 10). Die Anlegestelle der Linienschifffahrt „Weiße Flotte" liegt in unmittelbarer Nähe des Hauses. Im Gegensatz zu der Wohnung, in der Johann lebt, erscheint Ludwigs Elternhaus alt, heruntergekommen und unaufgeräumt (vgl. S. 28 f.), selbst die Katze ist „dreckig wie sonst keine" (S. 23).

Die **Mutter** arbeitet in der Spätschicht und kommt erst nachts nach Hause (vgl. S. 18). Johann beschreibt sie in seinen Erinnerungen nicht näher, da sie im Familienleben offenbar kaum in Erscheinung tritt. Ludwigs **Vater** hat graues Haar, das ihm „wie eine Mütze auf dem Kopf" liegt, und einen Schnurrbart (vgl. S. 22). Er repariert Motorräder in einer Werkstatt neben dem Haus, oft bis nach Mitternacht (vgl. S. 72). Meistens hört er dabei Radio, aber nie Musik, es wird „immer gesprochen" (S. 72). Er trägt einen zerschlissenen Blaumann, selbst beim Abendessen (vgl. S. 30).

In der Freizeit findet anscheinend wenig Familienleben statt und die Kinder scheinen **sich selbst überlassen** zu sein. Während die Mutter nachmittags und bis in die Nacht hinein in der Arbeit ist, arbeitet der Vater in der Werkstatt wortlos vor sich hin. Er ist zwar körperlich anwesend, scheint sich aber nicht mit den Kindern abzugeben.

Am Wochenende sind beide Eltern **oft nicht zu Hause**, Johanns Informationen zufolge machen sie gerne Städtereisen (vgl. S. 36, 67). Sie interessieren sich offenbar nicht für die Belange ihrer Kinder, weshalb auch keine **Anerkennung von Leistungen** stattfinden kann. Beispielsweise besuchen Ludwigs Eltern die Wettkämpfe ihres Sohnes nie (vgl. S. 66). Obwohl Ludwig mehrmals ankündigt, sein Vater werde die Jungen zur nächsten Regatta fahren, tritt dies nie ein, weshalb er sich Begründungen einfallen lassen muss, um die **Zurückweisung** zu überspielen: „Ludwig konnte sehr wortreich davon erzählen, warum es seinem Vater unmöglich war, diesmal zu fahren." (S. 66) Während des ersten Abendessens, das Johann bei Ludwig einnimmt, erzählt dieser vom vergangenen Tag, verstummt aber, weil sein Vater keine Reaktion auf das Erzählte zeigt und anscheinend kein Interesse hat (vgl. S. 29). Im weiteren Verlauf des Essens wird nur noch geschwiegen (vgl. S. 29 f.). Ludwigs Schwester hat Johann am ganzen ersten Besuchstag „kein Wort sagen hören“ (S. 29).

Auch in der Folgezeit ändert sich dies nicht. Johann trifft Vera wiederholt in der Werkstatt an, wo sie schweigend in der Nähe ihres arbeitenden Vaters sitzt. Als Ludwig sich ein fahrtüchtiges Motorrad „ausleiht“, obwohl er keinen Führerschein hat, scheint es danach zwischen Vater und Sohn kein klärendes Gespräch zu geben. Auch während Johanns Anwesenheit wird nicht über den Vorfall gesprochen: „Wir schwiegen, man sprach wenig in dieser Familie. Zudem lag noch immer Zorn über dem Tisch.“ (S. 70) Die **Sprachlosigkeit** geht sogar so weit, dass Ludwig seinen Vater nicht um Rat fragt, als die Jungen später ihr eigenes Motorrad herrichten (vgl. S. 77). Johann hingegen wendet sich häufig an Ludwigs Vater, der ihm „immer gerne“ Tipps gibt, aber nie selbst Hand anlegt (vgl. S. 78, 81).

Die Ruhr bei Essen – Ludwigs und Johanns Trainingsgebiet.

Einen Hinweis auf den Grund für das **Verhalten des Vaters** gibt Vera. Als Johann sie einmal fragt, warum ihr Vater nie bei einem Bootsrennen zuschaut, antwortet diese, dass er möglicherweise Angst vor einer Niederlage der Jungen habe: „Vielleicht hat er selbst zu oft verloren, [...] aber ich weiß nicht, was er gemacht hat, darüber wird nie gesprochen.“ (S. 112) Vermutlich hat der Vater also **Tiefschläge in seiner Biografie** zu verzeichnen, z. B. eine Arbeitslosigkeit; dafür spräche auch seine Tätigkeit in der eigenen Werkstatt. Zu seinem niedrigen beruflichen Status kommt möglicherweise ein **Konkurrenz- und Neidgefühl** gegenüber seinem Sohn und Johann hinzu, die ein Gymnasium besuchen und sportlich erfolgreich sind. Vielleicht geht dies mit einem **mangelnden Selbstbewusstsein** einher, denn Johann gegenüber zeigt sich Ludwigs Vater zeitweise unsicher, z. B. als dieser zum ersten Mal in die Werkstatt kommt (vgl. S. 22). Dies ändert sich auch über die Jahre nicht: „Eine gewisse Verlegenheit konnte er mir gegenüber seltsamerweise nie ablegen.“ (S. 73) Im Grunde genommen sind auch bei Ludwigs Vater **Symptome einer Depression** zu erkennen.

Eine eventuell vorhandene **Zuneigung** zu seinem Sohn drückt sich allenfalls dadurch aus, dass er wiederholt Pfannkuchen für den Jungen backt. An dem Tag, als Ludwig beim Griechen viel gegessen hat, bittet er abends seinen Vater, ob er „Pfannkuchen machen könne, die er früher immer gemacht hat“ (S. 114). In den folgenden Tagen, unmittelbar vor dem entscheidenden Rennen, steht der Vater regelmäßig für seinen Sohn am Herd (vgl. S. 116). Dabei scheint es für ihn unerheblich zu sein, dass er dadurch die Regattateilnahme seines Sohnes – und demzufolge auch Johanns – aufs Spiel setzt.

Stolz auf Ludwig zeigt der Vater einmal, als er nach dessen bestandener Führerscheinprüfung lächelt (vgl. S. 124), andere **Zeichen emotionaler Nähe fehlen**. Diese Verhaltensweise steht völlig im Gegensatz zu derjenigen in einer intakten Familie.[13]

2 Aufbau und Struktur

Die Handlung der Novelle *Zweier ohne* ist nicht durchweg chronologisch wiedergegeben. Der Autor weicht bisweilen von der linearen Erzählstruktur ab, indem er die Ereignisse in veränderter Reihenfolge, mittels Rückblenden, Einschüben und Vorausdeutungen wiedergibt (**diskontinuierliches Erzählen**; siehe *Tabelle*, S. 45 ff.).

Die **erzählte Zeit** erstreckt sich über etwas mehr als sechs Jahre. Geschildert wird die Zeit der Freundschaft zwischen Johann und Ludwig vom Eintritt Ludwigs in Johanns Klasse bis zu seinem Tod. Eingebettet ist diese Erzählung (Binnenhandlung) in eine knappe Rahmenhandlung: Das letzte Kapitel fungiert als Epilog, in dem ersichtlich wird, dass die Geschichte der Freundschaft viele Jahre nach Ludwigs Tod von Johann berichtet und reflektiert wird.

Die Novelle ist in **sechs Kapitel** unterschiedlicher Länge aufgeteilt. Im **ersten Kapitel** sind die Jungen knapp zwölf Jahre alt (vgl. S. 24). Die erzählte Zeit umfasst hier zwei Wochen im Sommer. Es wird berichtet, wie Johann Ludwig das erste Mal besucht und wie Ludwig zwei Wochen zuvor in Johanns Klasse gekommen ist. Das Auffinden der Mädchenleiche in der Nacht begünstigt als gemeinsames Erlebnis die Entwicklung der Freundschaft zwischen den Jungen.

Zwischen Kapitel eins und **Kapitel zwei** liegt ein **Zeitsprung** von fünf Jahren (vgl. S. 36). Im zweiten Kapitel beginnt die Schilderung des **letzten gemeinsamen Jahres** der beiden Freunde (vgl. S. 38). Erzählt werden die Ereignisse zweier Tage im Frühjahr, nämlich das **Treffen mit Josefine** und der darauf folgende Abbruch dieser Verbindung durch Ludwig.

In diesen Erzählabschnitt eingebettet ist die **Rückblende** auf Ereignisse in den vorangegangenen zwei Jahren:

- Der Erfolg des Teams mit dem Ruderboot: „In unserer ersten Saison [...] gewannen wir jedes Rennen [...]“ (S. 47),
- die aufkommende Konkurrenz: „In unserer zweiten Saison bekamen wir neue Gegner [...]“ (S. 47) und
- das Entstehen des Zwillingsversprechens: „Wir waren Freunde und jetzt würden wir Zwillinge werden. [...] Wir waren sechzehn [...]“ (S. 48 f.).

Das **dritte Kapitel** beginnt mit der Schilderung des Zwillingsverhältnisses (etwa Juni/Juli), dann folgen als punktuelle Ereignisse die unerlaubte Motorradfahrt und ihre Folgen (vgl. S. 67–70) und einige Wochen danach (vgl. S. 70) das erste sexuelle Erlebnis Johanns mit Vera (vgl. S. 73–76). Mehrere **Rückblenden** unterbrechen auch dieses Kapitel:

- Die Auseinandersetzung mit Josefines Brüdern (vgl. S. 56), die vermutlich im April/Mai stattgefunden hat,
- die Freundschaft zu Marco und deren Ende (vgl. S. 58),
- der erste Kontakt zu Vera als Folge des Entführungsfalls (vgl. S. 59–64) im Juni (vgl. S. 54) und
- die Erinnerung an die vergangenen Jahre, während denen Johanns Vater die Jungen zu den Rennen fährt, Ludwigs Vater dies aber nie tut (vgl. S. 66 f.).

Das **vierte Kapitel** beginnt in der „Mitte des Sommers“ (S. 77) und endet einen Tag vor Ludwigs 18. Geburtstag, also im Herbst (vgl. S. 78). Es hat den Niedergang der Freundschaft zwischen Johann und Ludwig zum Inhalt.

Im **fünften Kapitel** wird der letzte Tag in Ludwigs Leben geschildert, der mit der bestandenen Führerscheinprüfung beginnt und mit seinem Unfalltod endet. Dazwischen geschoben ist Johanns Umgang mit dem Tod seines Freundes in der Zeit danach (vgl. S. 126 f.) und seine gegenwärtigen Lebensumstände (vgl. S. 127 f.).

Zwischen dem **fünften** und dem **sechsten** Kapitel liegen viele Jahre nicht erzählter Zeit, nämlich die zwischen dem Unfall und der Erzählgegenwart, in der Johann, nun ein erwachsener Mann, auf seine Freundschaft mit Ludwig zurückblickt.

Im **sechsten Kapitel** erzählt Johann, dass er sich auf ein bevorstehendes Treffen mit Vera am nächsten Tag freut und berichtet dazwischen, als Rückblende, von ihrer zweijährigen Partnerschaft nach Ludwigs Tod.

Die Handlung lässt sich Zeiträumen und Zeitpunkten gut zuordnen, weil der Erzähler immer wieder das Alter der Jungen angibt, einmal den Umfang der nicht erzählten Zeit („Fünf Jahre später") sowie Jahreszeiten, Monatsnamen, Wochentage und Tages-, sogar Uhrzeiten (vgl. Kap. 1) nennt. Zudem erwähnt der Erzähler **historische Ereignisse**, die eine zeitliche Einordnung der Novellenhandlung zulassen, obwohl keine Jahreszahlen genannt werden. So wird die Auflösung zweier Staaten, die am Ende des Jahres 1991 stattfand, im Unterricht der Jungen thematisiert (Jugoslawien und Sowjetunion, vgl. S. 57). Außerdem wurde im Jahr 1994 tatsächlich ein Mädchen entführt und in einem Hohlkasten unter der Mintarder Ruhrtalbrücke, dem realen Vorbild für die Autobahnbrücke oberhalb von Ludwigs Elternhaus, gefangen gehalten; auch diese Begebenheit wird in die Novellenhandlung integriert (vgl. S. 59–61) und lässt die Datierung des letzten gemeinsamen Jahres von Ludwig und Johann auf 1994 zu.

Handlungsabfolge *Zweier ohne*

Kapitel 1:	Zeitangaben	Inhalte
Johann und Ludwig: 11 Jahre alt	• „Zwei Wochen zuvor hatte ich Ludwig zum ersten Mal gesehen“, S. 11 • „Im Herbst, der auf diesen Sommer folgte und der uns beide zwölf werden ließ […]“, S. 24	• Anrufe Ludwigs, Einladung, Mädchenleiche, Mutprobe Brücke • Ludwig neu in Johanns Klasse

Kapitel 2:	Zeitangaben	Inhalte	
17 Jahre	• „Fünf Jahre später, an einem Samstag im April“, S. 36 • „Jetzt musste es passieren, wir waren siebzehn […]“, S. 38	• erstes Mal mit Josefine	Zeitsprung
Johann: 13 Jahre	• „Vier Jahre zuvor hatten sich meine eigenen Eltern getrennt“, S. 43	• Gespräch mit Vera in der Küche	Rückblende
15 Jahre	• „In unserer ersten Saison […] gewannen wir jedes Rennen […]“, S. 47		Rückblende
16 Jahre	• „In unserer zweiten Saison bekamen wir neue Gegner […]“, S. 47 • „Wir waren sechzehn, als er das sagte […]“, S. 49 • „Das war in dem Jahr, bevor wir mit Josefine schliefen“, S. 50	• Zwillingsgelübde	Rückblende

Kapitel 3:	Zeitangaben	Inhalte
17 Jahre	• „Als der Sommer dem Kalender nach begann […]“, S. 54	• Leben als Zwillinge, Schule • Ärger mit Josefines Brüdern
16/17 Jahre	• „Im Winter, als Ludwig und ich schon Zwillinge waren, stand er plötzlich auf dem Pausenhof“, S. 58	• Marco, kurze Freundschaft zu dritt Rückblende
17 Jahre	• „Zu Beginn des Sommers, als es noch kalt war, bin ich ihr einmal kurz nahe gekommen“, S. 59 • „Ludwig wurde erst im Herbst achtzehn, ich im Winter“, S. 66	• Entführung des Mädchens, erste Umarmung Johann und Vera
	• „Am Freitag vor dem fünften Rennen der Saison […]“, S. 66 f. • „Es war eine wichtige Saison für uns, weil am Ende des Sommers die Landesmeisterschaften auf unserem Stausee ausgetragen wurden“, S. 67	• unerlaubte Fahrt zur Regatta, Polizeikontrolle
	• „In den Wochen nach unserem Motorradausflug ist eigentlich nicht mehr viel passiert“, S. 70 • „An dem Tag, den ich meine, war nicht Ludwigs Vater in der Werkstatt, sondern Vera“, S. 73	• erster Sex mit Vera

Kapitel 4:	Zeitangaben	Inhalte
17 Jahre	• „Es begann dann, in der Mitte des Sommers […]“, S. 77 • „[…] damit wir eins hätten, wenn er im Herbst und ich im Winter achtzehn würden“, S. 78	• Reparatur Motorrad, Turm • Ludwigs Stimmung verschlechtert sich • Beziehung Johann und Vera
	• „[…] hässlichen Szene […], aber sie gehört zu jenem Sommer […]“, S. 89	• Ludwig schlägt Vera

	• „Dann waren es noch drei Wochen bis zum Landesentscheid […]“, S. 92 • „Der Herbst, […] jetzt kommt der Herbst“, S. 108 • „Es waren noch zehn Tage bis zum Landesentscheid […]“, S. 113	• Erlebnis mit dem toten Bauern, Begräbnis • waghalsige Aktion auf dem Absperrgitter der Brücke • maßloses Essen Ludwigs • Niederlage beim Landesentscheid, geglückte Umarmung

Kapitel 5:	Zeitangaben	Inhalte	
Ludwig: 18. Geburtstag (oder kurz danach)	• „Ludwig war […] bei der Fahrprüfung […]“, S. 123 • „Es war Spätsommer, dem Kalender nach schon Herbst […]“, S. 125	• Gespräch Johanns mit seiner Mutter über Vera • bestandene Führerscheinprüfung, Unfall	
Johann, einige Zeit nach dem Unfall	• „Ich habe die Kreuzung später häufig aufgesucht, mit dem Auto, ich habe schließlich doch noch den Führerschein gemacht“, S. 126	• Johanns Besuche an der Kreuzung	Vorausdeutung
Johann, Jahre später	• „Ich bin übrigens unverheiratet“, S. 127	• gegenwärtige Lebenssituation, Arbeit im Kaufhaus, Beziehungen mit Frauen	
17/18 Jahre	• „[…] das war das Schlimmste, was mir von unserem Unfall in Erinnerung geblieben ist“, S. 129 f.	• Unfall	

Kapitel 6:	Zeitangaben	Inhalte	
Gegenwart	• „Morgen kommt Vera. Ich habe sie seit Jahren nicht mehr gesehen“, S. 132	• Vera lebt in Amerika, Besuch	
Johann: 18–20 Jahre	• „Nach Ludwigs Tod waren wir zwei Jahre zusammen […]“, S. 132	• Beziehung nach Ludwigs Tod, Veras Verdacht	Rückblende

„Zweier ohne" – eine Novelle

Viele Schlüsselbegriffe, die in der Literaturwissenschaft die Novelle als epische Form charakterisieren, sind

> *sowohl zu weit als auch zu eng gefasst [...], weder vermögen sie konsequent die Novelle von anderen Erzählformen zu unterscheiden, noch werden sie den Besonderheiten einzelner Novellen gerecht.*[14]

Die Bestimmung dieser Gattung ist also offenbar nicht unproblematisch. Am einfachsten gelingt die Gattungsbestimmung natürlich über die „Kategorisierung eines Textes durch den Autor selbst"[15], wie es bei *Zweier ohne* der Fall ist, den Dirk Kurbjuweit im Untertitel selbst mit dem Begriff „Novelle" bezeichnet.

Dessen ungeachtet sind einige allgemeine Kriterien zur Bestimmung der Gattung[16] gebräuchlich, die auch für *Zweier ohne* zutreffen: Es liegt eine **Prosa-Erzählung** vor, die eine, nach Goethe, „unerhörte Begebenheit", also ein so noch nie dagewesenes Ereignis enthält, eine geringe Anzahl von Figuren aufweist und auf einen **zentralen Konflikt** konzentriert ist. Aufgrund ihres strukturierten und zugespitzten Aufbaus (knappe Exposition und zielgerichtete Hinführung auf den Höhe- und Wendepunkt) weist sie Ähnlichkeiten mit dem Drama auf. Vom Roman unterscheidet sich die Novelle dadurch, dass sie eine **einsträngige Handlung** besitzt sowie von **kurzer bis mittlerer Länge** ist. Der angestrebte Eindruck der **Faktenwahrheit** wird durch die authentisch wirkende Erzählhaltung und das poetische Mittel der **Rahmenhandlung** mit seinem fingierten Erzählanlass erreicht. **Dingsymbole**, die an bedeutsamen Punkten der Handlung immer wieder auftauchen, verleihen der Handlung eine innere Struktur.

Gattungsmerkmale der Novelle – „Zweier ohne“

Gattungsmerkmale Novelle	„Zweier ohne“
Neuigkeitscharakter, „unerhörte Begebenheit“	ungewöhnliche Freundschaft zwischen Ludwig und Johann, „Zwillingsbeziehung“
einsträngige Handlung, konzentriert auf ein zentrales Ereignis, keine Nebenhandlungen	Handlung auf die Freundschaft und die Erlebnisse Ludwigs und Johanns beschränkt
nur wenige Figuren	zentral: Ludwig, Johann, Vera (weniger wichtig: Josefine, Marco, Ludwigs und Johanns Eltern)
Höhe- und Wendepunkt(e)	Zwillingsversprechen, Ludwig schlägt Vera, 2. Mutprobe auf der Brücke, Motorradunfall
Dingsymbole	Boot, Motorrad, Turm, Brücke
geringer Umfang	126 Seiten
Rahmenhandlung	Johann erzählt im Rückblick von seiner Freundschaft mit Ludwig
reale Bezüge, Authentizität	Ruhrtal-Brücke, „Selbstmörderbrücke“, Entführung des Mädchens, Unfall des Arbeiters beim Bau der Brücke

3 Erzähltechnik

Die Auswahl der Erzählerfigur und deren Erzählverhalten trägt – neben der Komposition des Textes und den verwendeten sprachlichen Mitteln – dazu bei, eine fingierte Wirklichkeit zu schaffen. Die Handlung wird aus dem spezifischen Blickwinkel des Erzählers betrachtet und ruft dadurch eine vom Autor beabsichtigte Gesamtwirkung des Textes (**Intention**) beim Leser hervor.

Erzählerfigur und Erzählform

Als Erzählerfigur, die zwischen dem Erzählten und dem Leser vermittelt, wählt der Autor von *Zweier ohne* eine Figur der Novelle, einen der beiden Protagonisten. Johann erzählt aus der **Ich-Perspektive** und schränkt dadurch die Sichtweise des Lesers auf das Geschehen stark ein, denn der Leser nimmt die Handlung nur aus dessen Sicht wahr. Die Darstellung von Gefühlen und Eindrücken (**Innensicht**) ist nur beim Erzähler Johann möglich, andere Personen der Handlung kann dieser nur aus der **Außensicht** beschreiben.

Johann ist also Teil der Handlung (das **erlebende Ich**) und identisch mit dem **erzählenden Ich**, der Erzählerfigur. Er berichtet und kommentiert als erwachsener Mann seine Jugendfreundschaft zu Ludwig. Durch die Art, wie er erzählt, erfährt der Leser nicht nur etwas über dessen erlebendes Ich (den erinnerten Jungen), sondern auch über das erzählende Ich (den sich erinnernden Mann). Der **Erzählanlass**, aus dem Johann die Ereignisse rückblickend wiedergibt, ist der bevorstehende Besuch von Vera, viele Jahre nach Ludwigs Tod.

So ist *Zweier ohne* eine Ich-Erzählung, in der Johann als Erzählerfigur seine eigene Geschichte erzählt. Aufgrund dieser Erzählperspektive identifiziert sich der Leser stark mit dem Erzähler.

Der erwachsene Johann verweist immer wieder auf die **zeitliche Distanz**, aus der er erzählt:

Damals brauchte ich dringend einen Freund. (S. 14)

Unsere Schule, würde ich heute sagen, war [...] zu gemütlich, um bedrohlich zu wirken [...]. (S. 58)

Wir waren beide keine großen Träumer, ich bin es immer noch nicht. (S. 55)

Zudem **kommentiert** er die Vorgänge aus seiner gegenwärtigen Sicht, häufig gleichzeitig auch sein eigenes Erzählverhalten: „Leider ist es eines Tages zu einer hässlichen Szene gekommen, von der ich nicht gerne erzähle [...].“ (S. 89)

Dieser Erzählrahmen verdeutlicht neben der **Subjektivität** auch die **Unzuverlässigkeit** des Erzählers: „Wenn ich mich richtig erinnere“ (S. 29), „ich weiß nicht mehr“ (S. 31), „es kann sein“ (S. 42) – wobei man mutmaßen könnte, dass Johann sich vielleicht doch an die Vorgänge erinnern kann, dies aber aufgrund seiner nach wie vor großen **emotionalen Betroffenheit** vermeidet.

Erzählabsicht

Johann verfolgt während seiner Erzählung (vielleicht unbewusst) die Absicht, die Freundschaft zu Ludwig und diesen selbst in **idealisierter Weise** darzustellen. Dies bedingt seine **rhetorische Strategie** während des Erzählens. In seinen **Kommentaren** beschönigt und verteidigt er die Verhaltensweisen seines Freundes. Häufig widerspricht er sich jedoch mehr oder weniger offensichtlich selbst:

- als er vom Beginn der Reparaturarbeiten am Motorrad berichtet, „entlarvt“ er sich kurz darauf selbst:
  Es begann dann, in der Mitte des Sommers, etwas sehr Schönes. (S. 77) – *Leider muss ich sagen [...], dass [Ludwig] schon die Arbeit am Motorrad ein wenig missmutig und ungewohnt schweigsam begonnen hatte.* (S. 80)

- als er das Verheimlichen seiner Beziehung zu Vera verteidigt: *Ich war mir sicher, dass Ludwig am Ende alles richtig verstanden hätte, aber ich sagte trotzdem nichts. [...] Die wichtigen Dinge ahnten und wussten wir voneinander.* (S. 64)
- um Ludwigs überzogene Reaktion und die Beschimpfung Josefines als „Russenschlampe" zu rechtfertigen: *Wir hatten sehr hart trainiert [...]. Wir waren völlig fertig, und Ludwig war vielleicht noch ein bisschen böse, weil es diese kleine Störung gegeben hatte. Man sollte ein solches Wort deshalb nicht auf die Goldwaage legen.* (S. 52)
- als er sich selbst belügt, was die Zeit vor dem Landesentscheid betrifft: *Vielleicht zählen die zehn Tage davor nicht zu unseren glücklichsten Zeiten, wir haben so gut wie nicht geredet [...], aber sie sind mir trotzdem in guter, in bester Erinnerung. Zwar entwickelten wir uns in verschiedene Richtungen, doch selbst das taten wir im Gleichschritt, so dass es am Ende genau passte. [...] Dies, glaube ich, kann man nur eine höhere, eine höchste Stufe von Freundschaft nennen.* (S. 117)

Im letzten Beispiel sind außerdem die Steigerungen und Superlative bedeutsam, mit denen Johann die Freundschaft bzw. die gemeinsame Zeit charakterisiert.

Die Erzählabsicht schließt aus, dass Johann eine eigenständige, kritische Bewertung der Ereignisse liefert. Aus der Rahmenhandlung wird deutlich, dass er auch als Erwachsener noch an der idealisierten Betrachtungsweise der Freundschaft zu Ludwig festhält – und er sich dessen vermutlich nicht einmal bewusst ist: „Ich kann es bis heute nicht leiden, wenn jemand unfaire Dinge über Ludwig sagt." (S. 133)

Unzuverlässiger Erzähler

Erinnerungslücken aufgrund der langen Zeit, die seit den Ereignissen vergangen ist

- „Ich weiß nicht mehr, was mein erster Eindruck von Ludwigs Schwester war.“ (S. 23)
- „Komisch, wie gerade die Dinge, die wichtig geworden sind, in unserer Erinnerung verblassen.“ (S. 73)

idealisierte Deutung der Freundschaft

- „Der Sommer war unser Abschied von der Kindheit, und ich bin sehr froh, dass ich Ludwig rechtzeitig kennen gelernt habe, um diesen Abschied, den größten des Lebens, mit ihm gemeinsam erleben zu können.“ (S. 24 f.)
- „Ich folgte seinem Wunsch immer, und es hat sich immer gelohnt.“ (S. 36)
- „Natürlich hatte er Recht, und als er das sagte, kam mir der Gedanke so vertraut vor, als hätte ich ihn zur selben Zeit gedacht. Das war normal für uns.“ (S. 82)

Verdrängung der Wahrheit

- „Ich sah, dass auch Ludwig mit seinem Gegner fertig geworden war, dass er aufstand und ihm noch in die Seite trat, nicht richtig fest, nicht dass hier ein falscher Eindruck entsteht, ein harmloser Tritt, mehr eine Berührung mit der Schuhspitze.“ (S. 56)
- „Es war schlimm, aber ich stand das gut durch, weil ich wusste, dass es für Ludwig viel schwerer gewesen wäre als für mich.“ (S. 69 f.)
- „Ich denke auch, dass ich Ludwigs Attacke gegen Vera richtig einschätze […]. Das ist ganz normal, weshalb ein solches Ereignis auf den ersten Blick schlimmer wirkt, als es tatsächlich ist.“ (S. 90)

4 Sprache

In einer einfach gehaltenen Sprache, die oft mit alltagssprachlichen Wendungen versehen ist, richtet sich der Erzähler an sein Publikum. Ellipsen („Weiß nicht", S. 86) und Anaphern („Wir lachten. Wir lachten überhaupt viel.", S. 54) sowie wörtliche Rede ohne Anführungszeichen werden vielfach eingesetzt, kommen häufig auch kombiniert und scheinbar wahllos aneinandergereiht vor, wodurch der Eindruck einer authentischen mündlichen Erzählung entsteht:

> *Nie werde ich vergessen, wie mich Ludwig an den Schultern packte, und das Wasser lief ihm aus den Haaren in die Augen, und sein ganzes Gesicht war bedeckt von Tropfen und Tropfenbahnen, und als er schrie, wir haben es geschafft, wir haben gewonnen, lief ihm Wasser auch in den Mund.* (S. 54 f.)

Gelegentlich werden **sprachliche Bilder** verwendet, also beispielsweise Vergleiche und Personifikationen, die eine höhere Eindrücklichkeit des Geschilderten vermitteln, z. B.:

> *Josefine fiel ein bisschen auf, weil sie einen Goldzahn hatte: [...] manchmal sah das aus, als brenne eine kleine Glühbirne in ihrem Mund.* (S. 37)

> *Sie sah aus wie eine kleine Eule, die vorzeitig das Nest verlassen musste.* (S. 62)

Um die emotionale Verbundenheit der Jungen mit dem Motorrad zu verdeutlichen, wird ihm quasi ein Eigenleben unterstellt:

> *[Die Triumph] zu hören und zu wissen, dass sie gleich fahren würde, mit Ludwig und mir fahren würde. Ihr Blubbern war wie ein Lied, das wir für uns komponiert hatten, nur für uns.* (S. 125)

> *[...] ein kleines Zucken, wenn die Gänge einrasteten, als würde sich die Triumph strecken, sie röhrte und verschlang Straße, Landschaft [...], die Bremse packte zu, der Motor drosselte, ein*

empörtes, heiseres Schnappen nach Luft, [...] das Motorrad schien für einen Moment kürzer zu werden [...]. (S. 126)

Innerhalb der Novelle wechselt die Zeitform des **Präteritums** mit der des **Plusquamperfekts** ab, wenn die chronologische Reihenfolge der Abläufe in der Vergangenheit bezeichnet werden soll („Ludwig [...] stieg sofort ab. Die Polizisten stoppten [...]. [...] Ich war ebenfalls abgestiegen“, S. 68 f.) oder zeitlich weiter zurückliegende Ereignisse gekennzeichnet werden sollen: „Übrigens hatte es Ärger mit Josefines Brüdern gegeben.“ (S. 56), „Kurz vor eins hatte ich Schritte gehört [...]. Es war 0 Uhr 58.“ (S. 17)

Das **Präsens** wird dann verwendet, wenn der Erzähler ...

- Bezug auf das imaginierte Publikum nimmt:
  Ich hoffe, jedem ist klar [...]. (S. 49)
- Handlungen aus seiner gegenwärtigen Sicht als Erwachsener kommentiert: *[...] wenn ich es recht bedenke [...]* (S. 51)
- seine aktuellen Lebensumstände beschreibt:
  Ich bin mittlerweile in der Lage, in Gegenwart anderer zu schweigen [...] (S. 20)
- Gegenstände und Vorstellungen verdeutlicht:
  [...] es ist ein Gefährt für zwei [...] (S. 68)

  Nie hat man größere Zweifel [...]. Es ist kaum zu ertragen. (S. 49)

Den „Anspruch auf Faktenwahrheit“[17] als Merkmal einer Novelle erreicht der Autor dadurch, dass er den Erzähler direkt ein **fiktives Gegenüber** ansprechen lässt. Dies vermittelt den Anschein eines **Gesprächs** zwischen mehreren Personen in der Rahmenhandlung der Geschichte. Zusätzlich verwendet der Erzähler immer wieder **Verben des Sagens**, um Authentizität zu erreichen: „wenn ich sage“ (S. 90), „wenn ich so sagen darf“ (S. 82), „das muss ich leider auch sagen“ (S. 89).

5 Zentrale Aspekte

Die Freundschaft zwischen Johann und Ludwig

Ludwig dominiert von Anfang an die Freundschaft zwischen den beiden Jungen und Johann ordnet sich nach und nach unter. Zwei Wochen nach seiner Ankunft in der neuen Schule ist es Ludwig, der Johann dreimal hintereinander anruft und damit genau Johanns Sehnsucht, von einem Freund dreimal hintereinander angerufen zu werden, befriedigt (vgl. S. 14 f.). Da dem Erzähler Johann nicht ganz zu vertrauen ist, was seine Sicht auf die Freundschaft betrifft, könnte es auch sein, dass Johann den „idealen" Freund quasi nachträglich in dieser Weise deutet.

Schon am ersten gemeinsamen Nachmittag bestimmt Ludwig das Zusammensein, er fordert Johann auf, mit ihm auf die Brücke zu klettern („Es war nicht meine Idee gewesen, sondern seine.", S. 25) und obwohl dieser Vorbehalte hat, klettern sie über die Leitplanke und überqueren die Autobahn. Dieser **Test**, von Johann auch als solcher eingeschätzt (vgl. S. 25), soll Ludwig vermutlich zeigen, ob Johann für ihn als Freund infrage kommt, was im Klartext heißt: ob dieser bereit ist, sich unterzuordnen und Ludwig als dominante Figur anzuerkennen. Als sich in der ersten Nacht die Selbstmörderin von der Brücke stürzt, fordert Ludwig Johann mehrfach auf, mitzukommen und setzt sich durch (vgl. S. 31 f.), obwohl Johann das eigentlich nicht will („Ich wäre lieber im Bett geblieben", S. 32). Weil Ludwig souverän mit der Toten umgeht, ist das für Johann der Beginn der Freundschaft, denn er erhofft sich von Ludwig Hilfe hinsichtlich seiner kindlichen Angst vor dem Tod. Begünstigt wird dies durch Johanns **Bedürfnis nach einem Freund**, um sich mitzuteilen, – denn „[w]as man nicht mitteilen konnte, war nicht. Es gab uns nur im Spiegel von anderen." (S. 14) – bzw. um sich zu „vervielfältigen, um jemand sein zu können" (S. 14), denn „[n]ur ein Freund konnte einem ununterbrochen das Gefühl geben, da zu sein." (S. 15)

„Zwillinge“

Durch den gemeinsamen Sport festigt sich die Freundschaft der beiden Jungen, die bereits von vornherein äußerliche Ähnlichkeiten aufweisen:

> *Wir hatten gute Voraussetzungen für den Zweier ohne, wir waren gleich groß, gleich schwer, gleich kräftig, technisch gleich begabt, und wir waren Freunde, wir dachten gleich.* (S. 47)

Obwohl sie identische Anlagen haben, übernimmt auch hier Ludwig den dominanten Part, denn er ist der Schlagmann im Boot. Als ihr Erfolg durch die Zwillinge aus Potsdam gefährdet wird („wir waren es nicht gewöhnt, zu verlieren“, S. 48), schlägt Ludwig den **Zwillingspakt** vor: „wenn wir sie schlagen wollen, müssen wir auch Zwillinge sein.“ (S. 48) Die von Ludwig vorgeschlagene Qualität der Zwillingsbeziehung entspricht jedoch nicht dem Verhalten von natürlichen Zwillingen, sondern beschreibt vielmehr die totale Angleichung der beiden:

> *Wir müssen immer das Gleiche tun, wir müssen immer das Gleiche wollen, wir müssen immer das Gleiche denken.* (S. 48)

Diese Abmachung soll **bis in den Tod** hinein gelten, denn Ludwig fordert so viel Übereinstimmung ein, dass Johann von der Brücke springt, wenn Ludwig einen Grund dazu hätte und umgekehrt (vgl. S. 48). Dieser Vorschlag von Ludwig ist zunächst als Taktik gedacht, die sportlichen Erfolge in Zukunft zu sichern. Mit seinen völlig überzogenen Forderungen steht er aber in keinem Verhältnis zu der Ursache, den verlorenen Rennen. Insofern entbehrt dieser Zwillingspakt jeglicher notwendigen Grundlage oder Bedingung, er ist **bedingungslos**. Johann nimmt jedoch den Vorschlag beglückt an, auch deshalb, weil er sich durch das Zwillingsdasein **Erleichterung in seinen pubertätsbedingten Unsicherheiten** erhofft: „Einen Zwilling zu haben konnte einen von vielem befreien.“ (S. 49) Beide Jungen verbringen von nun an ihre gesamte Freizeit miteinander, „[f]ast jede wache Minute“

(S. 49), und sie erzählen sich jeden Gedanken (vgl. S. 49 f.). Dies bedeutet für Johann zwar eine gewisse **emotionale Sicherheit**, gleichzeitig begibt er sich jedoch mehr und mehr in ein **einseitiges, folgenschweres Abhängigkeitsverhältnis** zu Ludwig. Dieser fordert nämlich die konsequente Einhaltung des Zwillingsgelübdes ein und meint damit eigentlich die völlige Unterordnung von Johann.

Beginn der Freundschaft zwischen Ludwig und Johann

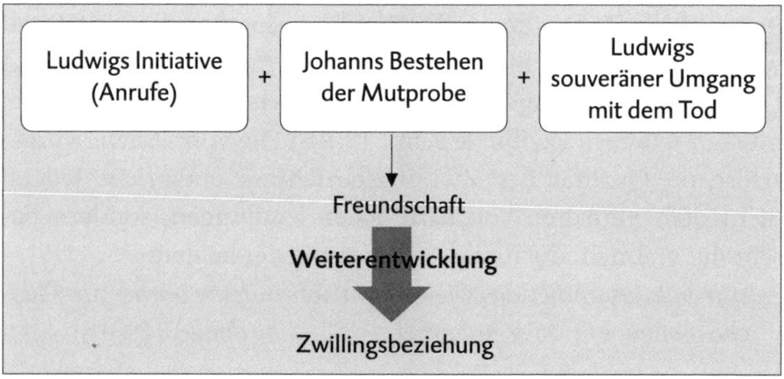

Dominanz

In der Folgezeit **unterbindet Ludwig jegliche Kontakte**, die Johann außerhalb ihrer Freundschaft knüpft. Obwohl Johann die Beziehungen zu Marco und Josefine weiterhin pflegen möchte, erreicht es Ludwig, dass sie beendet werden. Johann ordnet sich widerspruchslos unter: „Ich konnte ihm nur Recht geben." (S. 59)

Die Freundschaft ist v. a. dadurch gekennzeichnet, dass die Angleichung einseitig ist, sich also Johann **in seinem Verhalten** an Ludwig **spiegelt**, und zwar „[s]ofort und ohne nachzudenken" (S. 56). Johann stellt selbst schon früh Veränderungen an sich fest:

Dabei rieb [Ludwig] sich die Hände. [...] Ich war bald angesteckt von seiner Freude, grinste, und es kann sein, dass ich mir auch die Hände rieb. Ich hatte das in jener Zeit manchmal an mir beobachtet, etwas überrascht, weil dies bislang nicht meine Art gewesen war, Freude zu zeigen. (S. 40)

Während der Auseinandersetzung mit Josefines Brüdern schlägt Johann dem jüngeren ins Gesicht, nachdem dies Ludwig beim älteren getan hat; als Ludwig diesen tritt, bekommt auch der jüngere von Johann einen Tritt (vgl. S. 56, auch S. 54 f.: „Protest" gegen das schlechte Wetter).

Trotz allem ist es, zumindest für Johann, zeitweise eine **beglückende Freundschaft:** „Wir lachten. Wir lachten überhaupt viel. Es ging uns gut [...]." (S. 54) Gemeinsame **positive Erlebnisse** während des Sommers halten die Freundschaft aufrecht. Neben Siegen in Ruderwettkämpfen sind dies die Nachforschungen zu der Entführung des Mädchens, das Arbeiten am Motorrad, das Fantasieren über den Turmbau, auch das Tanzen in Ludwigs Zimmer („ein besonders glücklicher Moment", S. 71) und letztlich das Erlebnis mit dem Selbstmörder, dessen Fund sie „heiter, sogar fröhlich" stimmt (S. 100) und ihnen ein gemeinsames Geheimnis liefert.

Die Zuneigung und Verbundenheit jedoch, die beide empfinden, verbalisieren die Jungen wohl über die ganzen Jahre nicht, zumindest können sie sie nicht in Gesten ausdrücken. Weil vieles in der Freundschaft verschwiegen wird, hat keiner von beiden Jungen Einblick in die Gefühle des anderen. Nicht einmal bei Geburtstagen oder nach Siegen, auch nicht nach Ludwigs bestandener Führerscheinprüfung ist es den Jungen möglich, sich herzlich zu umarmen (vgl. S. 117, 124):

Ich nahm Ludwig in den Arm, als wir ausgestiegen waren. Wir taten das nicht oft, eigentlich nie. [...] Uns waren die wenigen Umarmungen, die wir hatten, nicht gelungen, [...] irgendwie konnten wir das nicht. (S. 117 f.)

Auch in unbeschwerten Momenten bleiben die Jungen mit ihren Emotionen für sich: „[Wir] tanzten, jeder für sich, aber doch gemeinsam.“ (S. 72)

Die ständige Führungsrolle Ludwigs ist deutlich zu erkennen. Er fasst alleine den Entschluss, das Motorrad herzurichten (vgl. S. 78), er entscheidet, dass ein Studium nach dem Abitur für beide nicht infrage kommt („Uni ist öde“, S. 78), und bringt stattdessen die Idee ins Spiel, einen Turm in Asien zu bauen (vgl. S. 78). Er beschließt auch, den Fund der Leiche des Selbstmörders nicht der Polizei zu melden, obwohl Johann darauf drängt.

Zu Beginn des Sommers beginnt Johann die Beziehung zu Vera, sagt aber Ludwig nichts davon und **bricht damit das Zwillingsversprechen** (vgl. S. 64). Auch später thematisiert er diese Beziehung nicht (vgl. S. 126). Vor sich selbst – und dem Leser – beschönigt er sein Schweigen dadurch, dass er es anfangs als überflüssig betrachtet (vgl. S. 64), später erscheint ihm der Moment ungünstig: „Man kann nicht in allen Momenten alles sagen.“ (S. 126) Ludwig hat höchstwahrscheinlich Kenntnis von der Beziehung, zumindest ahnt er etwas davon. Dies lässt sich aus der unzuverlässigen Erzählweise Johanns schlussfolgern, wenn es beispielsweise heißt:

> *Ich hatte Sorge, Vera könne in der Werkstatt auf mich warten, und wirklich brannte dort Licht. Ludwig sah es nicht oder sah es und dachte, sein Vater schraube immer noch.* (S. 99)

Da Ludwig sich vorher versichert hat, dass der Vater ins Bett gegangen ist, wirkt die mutmaßliche „Unwissenheit“ nicht sonderlich glaubwürdig.

Eifersucht

Ludwig ist jedenfalls unfähig, etwas zu Johanns „Treuebruch“ zu sagen. Er hegt möglicherweise die Befürchtung, dass das Zwillingsverhältnis daran zerbricht. Deshalb hat er **Verlustängste** und ist **eifersüchtig.** Er klammert sich immer mehr an Johann;

er ist „sehr anhänglich in dieser Zeit“ (S. 82), dabei jedoch unfähig, seine Gefühle zu artikulieren. Sein Versuch, Johann rund um die Uhr bei sich zu haben, scheitert am Einspruch von Johanns Mutter, worauf Ludwig verstimmt reagiert (vgl. S. 83). Seine Laune wird den Sommer über zunehmend schlechter. Plötzlich ist es Johann, der die Stimmung aufrechterhalten und in gewisser Weise die **aktive Rolle** in der Freundschaft übernehmen muss: „Wenn jemand redete, dann ich. Wenn jemand schraubte, dann ich.“ (S. 90)

Johann führt Ludwigs Stimmungswandel darauf zurück, dass er wenig isst, und rechnet dabei nicht mit der Aggression, die sich gegenüber Vera aufstaut. Johann beurteilt den Ausbruch Ludwigs, als er Vera schlägt, als eine geschwisterliche Auseinandersetzung, als etwas, „was sich eines Tages plötzlich entlädt“ (S. 90), und kann offenbar keinen Zusammenhang zu seiner Beziehung mit Vera feststellen. Ludwigs Gemütslage färbt auf die Dauer auf Johann ab, denn bald ist er „selbst ziemlich mürrisch und verschlossen“ (S. 92).

Ludwigs Stimmung ändert sich umgehend, als er die Leiche des Bauern im Garten findet. Als er Johann nachts anruft, meint dieser, „Begeisterung aus seiner Stimme zu hören“ (S. 94); bei Johanns Ankunft geht es Ludwig „so gut wie lange nicht mehr“ (S. 95). Wohl in Erinnerung an Ludwigs mehrmals aufgetretene **Aggressivität** denkt Johann zunächst, es sei die Leiche von Vera, woraus ersichtlich wird, dass er diesem eine Gewalttat gegenüber seiner Schwester zutraut und vielleicht doch eine eifersüchtige Reaktion Ludwigs in Erwägung zieht. Doch er bemüht das Zwillingsversprechen, um diesen **Verdacht** gar nicht erst aufkommen zu lassen: „[S]ofort fiel mir ein, dass er so etwas nicht tun würde. Er war mein Bruder.“ (S. 95 f.)

Ludwig nimmt den Toten zum Anlass, erneut ihre Zweier-Gemeinschaft zu beschwören, er spricht „von unserer Freundschaft […] und dass uns der Tote sagen würde, wie wichtig das ist, so zusammenzuhalten" (S. 99). Vermutlich will er Johann damit unterschwellig **drohen**, sollte dieser das Zwillingsverhältnis und das damit verbundene Treueversprechen durch die Beziehung mit Vera weiterhin gefährden. Ludwig betrachtet die Leiche als Besitz der beiden Jungen, er hat die unrealistische Vorstellung, dass er noch oft zusammen mit Johann bei ihr sitzen wird (vgl. S. 97). Möglicherweise schöpft er aus der Tatsache, dass nun beide „ein echtes Geheimnis miteinander" (S. 98) haben, **neue Hoffnung** für die Beziehung zu Johann. Vielleicht zieht er aber hier schon den gemeinsamen Selbstmord in Betracht, um die Freundschaft für immer zu erhalten. Nach der „Bestattung" der Leiche klettern beide auf Vorschlag von Ludwig auf die Brücke und – trotz Johanns Vorbehalten – auch auf den Rand des Gitters. Beide schweben in **Lebensgefahr**, als Ludwig anordnet, sich nur gegenseitig an den Händen zu halten. In dieser Situation erneuert er das Zwillingsversprechen: „Wir halten uns gegenseitig, sagte er, wir sind Zwillinge, nur du und ich." (S. 108)

Vor dem Rennen zum Landesentscheid beginnt Ludwig viel zu essen und gefährdet damit wissentlich die Teilnahme der Jungen an der Regatta. Anstatt mit ihm zu reden, nimmt Johann selbst die Konsequenzen in Kauf: Er fastet, um das Übergewicht von Ludwig auszugleichen. Diese gegensätzliche Entwicklung, die ganz und gar nicht dem gemeinsamen Ziel dienlich ist und nur ihn belastet, bezeichnet Johann in seiner idealisierten Vorstellung als „höchste Stufe von Freundschaft" (S. 117).

Als die Jungen das Rennen zum Landesentscheid verlieren, macht sich Johann Sorgen um Ludwig, denn „[e]r hatte sich diesen Sieg so sehnlich gewünscht" (S. 119). Der Landesentscheid nimmt innerhalb der Novelle tatsächlich einen Wendepunkt ein, da spätestens mit der Niederlage für Ludwig offenbar feststeht, dass die Freundschaft nicht mehr in seinem Sinne aufrechterhalten werden kann. Seine vorherigen Fressattacken, mit denen er das gemeinsame Ziel demonstrativ aufs Spiel setzt, könnten einerseits als Zeichen der Resignation gedeutet werden, da er das Scheitern der absoluten Zweisamkeit bereits erkannt hat. Andererseits wäre auch denkbar, dass Ludwig durch sein Verhalten das Rennen bewusst „sabotiert“, um durch den negativen „Entscheid“ das geplante tödliche Ende der Beziehung herbeizuführen.

Nach Ludwigs Tod besteht die Verbindung zu ihm für Johann weiterhin und bestimmt nach wie vor sein Leben: „[M]eine Trauer hat nicht nachgelassen, wird nie nachlassen.“ (S. 127)

Zusammenfassend lässt sich feststellen, dass die Freundschaft zwischen Johann und Ludwig in keiner Phase ausgeglichen ist. Von Anfang an von Ludwig dominiert, passt sich Johann an und übernimmt den passiven Part in der Beziehung. Anstatt eigene Vorstellungen und Ziele zu entwerfen und zu verfolgen, ordnet er sich Ludwigs Entscheidungen bedingungslos, nämlich ohne eigene Bedingungen oder Bedürfnisse zu artikulieren, unter und verteidigt dessen Handlungen ohne nachzudenken. So ist es ihm nicht möglich, eine eigenständige Persönlichkeit zu entwickeln.

Sonderbar an dieser „bedingungslosen“ Freundschaft ist, dass entscheidende Ereignisse **nicht besprochen** werden (z. B. die Weigerung von Ludwigs Vater, die Jungen zum Rennen zu fahren oder auch nur zuzusehen, das Schweigen in Ludwigs Familie, das Erlebnis mit Josefine, die Beziehung zwischen Johann und Vera, Ludwigs schlechte Laune) oder **auf Johanns Schultern abgeladen** (z. B. die Strafe nach der Motorradfahrt, Ludwigs Gewichtszunahme) und manchmal durch **Gewalt gelöst** werden (z. B. die Gewalttätigkeiten gegenüber Josefines Brüdern oder Vera, auch die nachfolgende Prügelei zwischen Ludwig und Johann). Diese Verhaltensweisen ermöglichen es Johann nicht, eine angemessene **Konfliktfähigkeit** auszubilden, durch die ausschließliche Fixierung auf Ludwig kann er auch keine **soziale Kompetenz** entwickeln, was über Ludwigs Tod hinaus bestimmend für sein Leben ist.

Friedrich Schiller: Die Bürgschaft (1798)

Die Ballade *Die Bürgschaft* wurde von Friedrich Schiller im Jahr 1798 geschrieben. Sie ist Thema des Deutschunterrichts, als Ludwig zum ersten Mal in Johanns Klasse kommt (vgl. S. 12, 14). Dass sie von Dirk Kurbjuweit in seiner Novelle gleich zu Beginn erwähnt wird, ist nicht zufällig, denn sowohl *Zweier ohne* als auch die Ballade haben **außergewöhnliche Freundschaften** zum Thema.

Im Stadtstaat Syrakus auf Sizilien herrscht in der Antike Dionysos (Dionys), ein grausamer Tyrann. Diesen will Damon, ein Untertan, ermorden und dadurch das Volk von der Schreckensherrschaft befreien. Er wird jedoch gefasst, Dionys verurteilt ihn zum Tod am Kreuz. Damon bittet um drei Tage Aufschub, damit er vor seinem Tod seine Schwester verheiraten kann, und bietet seinen **Freund als Bürgen** an. Dionys ist einverstanden, erklärt aber, dass der Freund an Damons Stelle hingerichtet wird, wenn dieser nicht rechtzeitig zurückkehrt. Insgeheim rechnet er jedoch damit, dass Damon seine Chance nutzen und fliehen wird. Der Freund gibt Damon wortlos, nur durch eine Umarmung, seine Zustimmung und liefert sich dem Tyrannen aus. Nachdem Damon seine Aufgabe erledigt hat, macht er sich auf den Rückweg, wird dabei jedoch von unerwarteten Hindernissen – Regenfällen, einem Raubüberfall und der Gefahr des Verdurstens – aufgehalten. Trotzdem kehrt er gerade noch rechtzeitig nach Syrakus zurück und rettet den Freund. Der König, überwältigt vom **Freundschaftsbeweis** der beiden Männer, erlässt die Todesstrafe und bittet darum, als Dritter in den Freundschaftsbund aufgenommen zu werden.

Schillers *Bürgschaft* und Kurbjuweits *Zweier ohne* weisen inhaltliche Parallelen auf. In beiden Werken findet sich eine Beschreibung einer Freundschaft zwischen Männern bzw. Jungen. Das in der Ballade thematisierte **Freundschaftsideal** – Vertrauen und Treue bis in den Tod – liegt auch dem Zwillingsversprechen der beiden Jungen zugrunde. Zudem verweist Kurbjuweit im Untertitel seiner Novelle auf diese Thematik: *Die Geschichte einer bedingungslosen Freundschaft.*

In der Ballade wird vorbildliches menschliches Verhalten dargestellt. Obwohl Damon seinen Freund einfach als Bürgen vorschlägt, ohne sich bei diesem rückzuversichern, erscheinen die beiden in ihrer Beziehung zueinander gleichberechtigt. Damon ist sich sicher, dass der Freund diese Bürgschaft allein deshalb akzeptiert, weil sie für Damon wichtig ist. Die Zuversicht, dass Damon sein Versprechen einhält, ist bei seinem Freund so groß, dass er sich sogar in Lebensgefahr begeben kann. Dieses „blinde" Vertrauen äußert sich zudem darin, dass gar keine Worte darüber gemacht werden müssen. Als Damon vermuten muss, dass der Freund statt seiner selbst getötet wird, will er sich trotzdem ausliefern und mit ihm zusammen sterben. Diese ideale Freundschaftsbeziehung bis in den Tod beeindruckt sogar den tyrannischen König, er erkennt den Wert eines solchen Verhältnisses, das durch Gewalt nicht zu erreichen ist.

Während die **Bedingungslosigkeit der Freundschaft** in der Ballade vorbildhaften Charakter hat, wird in der Novelle eher die negative Bedeutung des Begriffs gezeigt. Die von Ludwig mit dem Zwillingsversprechen eingeforderte Gleichheit wird während des Bestehens der Freundschaft nie im Sinne eines „Gleichgewichts" eingelöst. Vielmehr dominiert Ludwig Johann fortwährend und fordert dessen vollständige Angleichung an ihn selbst. Johanns Freundschaftsverständnis weist manchmal Ähnlichkeit mit dem in der Ballade dargestellten auf. Wie selbstverständlich nimmt er – wortlos! – die Ludwig zustehende Strafe auf sich (vgl. S. 69) und ebenso kommentarlos fastet er, um Ludwigs Fressattacken auszugleichen. Seine Treue zum Freund besteht für ihn auch darin, dass er ihn noch nach Jahren im Rückblick ständig verteidigt, gegenüber dem Leser und auch gegenüber Vera und seinem Vater (vgl. S. 133).

In der *Bürgschaft* ist die dargestellte vorbildliche Freundschaft Grundlage für die Abwendung einer realen tödlichen Gefahr. Im Gegensatz dazu endet die Freundschaft in der Novelle in einer Katastrophe, da Ludwig eigenmächtig beschließt, dem Leben der beiden Freunde ein Ende zu setzen. Johann überlebt zwar, ist aber aufgrund der Erfahrungen in der Freundschaft in seinem weiteren Leben beeinträchtigt.

Das Motiv Tod

Selbstmörder als verbindendes Element

Im Verlauf der Handlung stehen Ludwig und Johann zweimal vor Toten. Es ist der Tod des Mädchens, der den Beginn ihrer Freundschaft markiert. Während sich Ludwig angesichts der Leiche abgeklärt und gleichzeitig euphorisch verhält, fürchtet sich Johann, altersgemäß, vor Toten. Ludwigs Verhalten überzeugt ihn jedoch davon, dass dieser ihm gegen seine Angst helfen kann.

Der Tod des Bauern sechs Jahre später verschafft den Jungen ein „echtes Geheimnis“ (S. 98), da Ludwig den Toten nicht meldet und der Polizei gegenüber sogar leugnet (vgl. S. 104). Die auf den Fund folgende Nacht verbringen die Jungen, wohl letztmalig in ihrer Freundschaftszeit, in ausgelassener Stimmung neben der Leiche, sie reden auch wieder von ihrer Zukunft, ihrem Turm in Asien. Ludwig sagt, dass der Tod „eine große Sache“ (S. 97) sei, ein Toter könne ihnen etwas sagen, das er sich nicht von der Polizei versauen lasse. Er behauptet sogar, der Tote gehöre den Jungen (vgl. S. 108). In der darauf folgenden Nacht erklärt Ludwig Johann, dass der Tote ihnen sage, „wie wichtig das ist, so zusammenzuhalten“ (S. 99), und er sie noch fester miteinander verbinde, weil sie ihn miteinander teilten. Auch die Bestattung und das Wissen um sein „Grab“ unter der Brücke verbinden die Jungen.

Teil des Zwillingsgelübdes

Ludwig fordert nicht nur eine Gleichheit im Tun, Wollen und Denken, seine Vorstellung von der idealen Zwillingsbeziehung geht sogar so weit, dass ein „Zwilling“ dem anderen in den Tod folgen muss, wenn der eine einen Grund hat, sein Leben zu beenden (vgl. S. 48).

Mutproben: Ludwigs Ansicht von der Freundschaft

Wiederholt zwingt Ludwig Johann zu lebensgefährlichen Mutproben. Gleich am ersten Abend überqueren die Jungen die vielbefahrene Autobahn auf der Brücke. Für Ludwig ein erster Test, ob Johann bereit ist, sein Leben für ihn zu riskieren.

Ludwig fordert von Johann eine erste Mutprobe auf der Brücke. (Szene aus der Verfilmung der Novelle von 2008)

Jahre später beschwört Ludwig auf der Brücke ihr mittlerweile prekär gewordenes Zwillingsverhältnis. Beide Jungen sitzen auf dem Absperrgitter und halten sich nur gegenseitig fest. Diese Aktion soll versinnbildlichen, wie Ludwig die Freundschaft sieht, nämlich als **Symbiose:** „Wir halten uns gegenseitig, [...] nur du und ich." (S. 108) Dass sie schicksalhaft miteinander verbunden sind, zeigt die Möglichkeit, sich nicht gegenseitig halten zu können. Es droht beider Absturz, der Tod, wenn die Zweisamkeit nicht funktioniert. Ludwigs Aussage „zwei Leben, ein Schicksal" (S. 91), mit der er sich auf Motorrad und Ruderboot als Symbole ihrer Freundschaft bezieht, kann ebenso für diese Charakterisierung der Zwillingsbeziehung stehen.

Wiederkehrendes Thema in den Gesprächen

Während ihrer zunehmend problematischen Freundschaft erwähnt Ludwig zweimal den möglichen **Selbstmord als Ausweg**; das erste Mal, als er bei der Arbeit an ihrem Motorrad über die Bedeutung des Bremshebels redet:

> *[I]st es nicht seltsam, dass ein Leben vom richtigen Umgang mit so einem blöden Griff abhängen kann? [...] du ziehst im falschen Moment oder ziehst nicht und zack!, komisch, oder?* (S. 82)

Johann geht auf diese Äußerung nicht ein, aber ihm kommt der Gedanke vertraut vor (vgl. S. 82). Wenige Wochen später unterbricht Ludwig seine Passivität und sein Schweigen in der Werkstatt mit der Bemerkung über das Motorrad („zwei Leben, ein Schicksal", S. 90 f.) und thematisiert damit wiederum die mit dem Motorradfahren verbundene Möglichkeit des Todes. Johann jedoch fasst in seiner Naivität diese Bemerkung als Hinweis auf ihre Freundschaft auf und ergänzt gerührt: „Deshalb passt es auch so gut zu uns" (S. 91).

Für Ludwig scheint der Tod nichts Endgültiges an sich zu haben, vielmehr sieht er offenbar in einem Toten nur eine andere Erscheinungsform eines Lebenden. Den Brückenpfeiler, in den der Arbeiter eingemauert wurde, empfindet er als lebendig; auf Johanns Hinweis, dass dieser Mensch tot sei, zuckt er nur mit den Schultern (vgl. S. 16).

Kurz darauf, nachdem die Jungen den toten Bauern „beerdigen" und ihn als Bindeglied ihrer Freundschaft hergeben mussten, redet Ludwig in düsterer Stimmung „von der Sinnlosigkeit einer Welt, in der man nicht mit den Toten leben kann" (S. 103). Auffallend ist, dass Johann diese Ansicht nach Ludwigs Tod in gewisser Weise übernimmt. Er lebt weiterhin mit Ludwig („Trauer ist ja auch eine Form von Gesellschaft, ich bin nie allein.", S. 128), er scheint ihn in Gedanken ständig an seiner Seite zu haben, denn er überlegt oft, was Ludwig in verschiedenen Lebenssituationen „gedacht, getan, gesagt hätte" (S. 128).

Mittel der Vereinigung / der Rache

Zwei Jahre nach Ludwigs Tod vermutet Vera aufgrund der Erzählungen von Johann, dass Ludwig den Unfall absichtlich verursacht hat, „um sich und dich für immer zusammenzuschweißen. Um euch endgültig zu vereinen. Und um sich unseretwegen zu rächen" (S. 133) – womit sie vermutlich recht hat. Nach Ludwigs Vorstellung blieb nur noch diese eine Möglichkeit, Johann an sich zu binden.

Symbole

Brücke

Die Brücke ist ein Symbol der Novelle, das immer wieder in der Handlung auftaucht. Johann weiß bis in die Gegenwart hinein nicht, wie viele Pfeiler sie wirklich hat, anfänglich hat er sogar den Eindruck, dass sie lebt (vgl. S. 16). Zu Beginn der Freundschaft schätzt Ludwig die Höhe der Brücke auf hundert Meter, er behauptet, es sei die höchste Brücke der Welt. Über die Jahre reduziert sich bei den Jungen die vermutete Höhe von „[h]och wie der Himmel" nach und nach auf „fünfzig, sechzig Meter" (S. 11).

Die Brücke ist zum einen der Ort, an dem sich mehrere **für die Freundschaft wegweisende Szenen** abspielen. Ludwig benutzt sie als **Einstieg in die Freundschaft**, sie ist das Thema des ersten Telefongesprächs zwischen ihm und Johann (vgl. S. 11 f.) und Anknüpfungspunkt für das unmittelbar darauf folgende zweite Telefonat (vgl. S. 20).

An Johanns erstem Besuchstag besteigen die Jungen die Brücke. Ludwig bringt Johann dazu, gefährliche Aktionen mitzumachen und setzt ihn unter Druck, als er sich zu widersetzen versucht. Johann ist zwischen Angst und Abenteuerlust hin- und hergerissen; am Ende genießt er das Gefühl nach der bestandenen **Mutprobe**, er fühlt sich erwachsen und sieht sich dort oben „über der Welt, die [ihm] oft zusetzte" (S. 27). Ludwig hingegen testet mit seinen Vorschlägen, ob Johann bereit ist, sich ihm unterzuordnen. Die Episode endet mit einem **Schulterschluss der beiden Jungen**, sie versichern sich, dass nur sie beide diese Prüfung haben bestehen können (vgl. S. 25–28).

Von der Brücke aus stürzt sich am gleichen Abend das Mädchen „Lisbeth" in den Tod (vgl. S. 32–35). Dies ist vor allem für Johann **Ausgangspunkt für die Freundschaft**, weil ihm der Umgang Ludwigs mit der Toten imponiert.

Fünf Jahre später, nach dem verlorenen Rennen gegen die Zwillinge und nachdem sie es „lange nicht mehr gemacht" (S. 47) haben, klettern die beiden auf die Brücke und Ludwig fordert das Zwillingsversprechen ein, woraufhin sich die Freundschaft zu einer folgenreichen Zweierbeziehung entwickelt (vgl. S. 47 f.). Ein Jahr später, nach dem Selbstmord des Bauern, beschwört Ludwig hier die problematisch gewordene Freundschaft (vgl. S. 108).

Zugleich aber ist die Brücke auch **mit dem Tod und der Gefahr** verbunden. Nicht nur Ludwigs Mutproben, bei denen sich die Jungen wiederholt der Lebensgefahr auf der Brücke aussetzen, bringt sie in Zusammenhang mit dem Tod. Auch die von der Brücke aus regelmäßig verübten Selbstmorde sind kennzeichnend. Johann und Ludwig erleben während ihrer Freundschaft den Selbstmord des Mädchens und den des Bauern mit, von weiteren Selbstmorden in dieser Zeit haben sie Kenntnis (vgl. S. 63). Dass in einem Pfeiler ein Arbeiter eingemauert (vgl. S. 16) und ein Mädchen gefangen gehalten worden ist (vgl. S. 61), trägt zudem dazu bei, dass Johann mit der Brücke ungute Gefühle verbindet: „Irgendwie ging nichts Gutes von ihr aus" (S. 63). Trotzdem betrachten die Jungen die Brücke als **ihr Revier** (vgl. S. 63), sie bestatten auch „ihren Bauern" unter der Brücke.

Veras Mitleid mit dem entführten und im Brückenpfeiler eingeschlossenen Mädchen löst die **Liebesbeziehung** zwischen Johann und ihr aus. Johann tröstet Vera (vgl. S. 61–63), wenige Wochen später beginnen sie ihre intime Beziehung unter der Brücke (vgl. S. 75 f.), die fortan „jede Nacht" (S. 84) gepflegt wird. Als sie sich nach dem verlorenen Rennen nachts auf der Brücke treffen, sichert ihr Johann zu, dass er ihre Beziehung öffentlich machen will.

> *[Die Brücke hat einen] prinzipiell doppelten symbolischen Bedeutungsgehalt [...]: sie verbindet nicht nur, sondern „überbrückt" auch im Sinne der Überwindung.*[18]

So ist in der Novelle die Brücke der Ort, an dem Johann Furcht (hinsichtlich des Todes und bei den Mutproben) und Bedenken (hinsichtlich der Beziehung zu Vera) überwindet, auch Freude empfindet (bestandene Abenteuer, vgl. S. 27). Ludwig benutzt die Brücke als den Ort, an dem er Johann als Freund prüft und ihn an sich bindet. Letztendlich versucht er, hier die Differenzen zwischen sich und Johann zu überbrücken und somit die Freundschaft in seinem Sinne zu retten, indem er die zweite Mutprobe inszeniert. Die Brücke erscheint als „Sinnbild für den schmalen Grat, auf dem die beiden entlang balancieren – immerzu um das sensible Gleichgewicht in ihrer Beziehung bemüht."[19]

Die Brücke als bedeutungsvoller Handlungsort

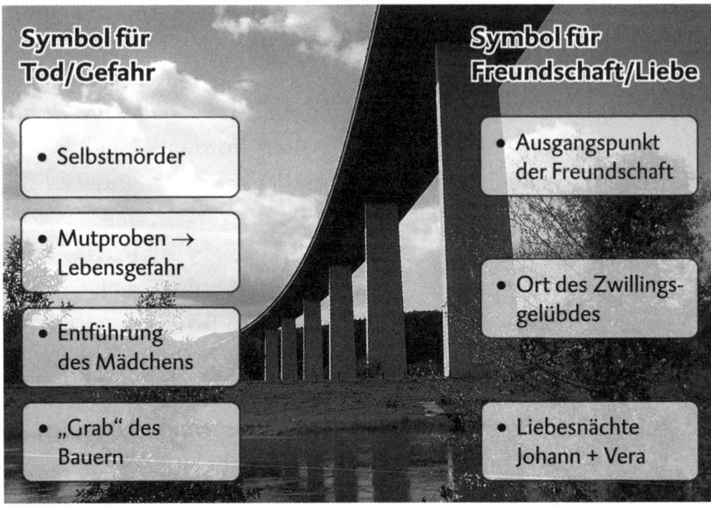

Ruderboot

Johann ist schon vor der Freundschaft zu Ludwig Mitglied in einem Ruderverein (vgl. S. 14). Als Zwölfjährige rudern beide in einem Vierer und wechseln später in einen „Zweier ohne". Der Verein kauft sogar ein neues Boot für die Jungen, die „Hoffnung des Vereins" (S. 50). Die Jungen sind im „Zweier", viel mehr noch als im „Vierer", aufeinander angewiesen. Ihrer Zweier-Freundschaft leistet die Ausübung des Sports dabei Vorschub:

> *Sport bietet einigen Jungen die Gelegenheit zu einer emotionalen Nähe, die sie in anderen Lebensbereichen allzu oft vermissen. Hier dürfen Jungen innerhalb angenehmer Grenzen Wertschätzung, Liebe und Zusammengehörigkeit füreinander empfinden. Im Rahmen des Sports fällt es Jungen viel leichter, sich um andere zu kümmern und einander gegenseitig zu helfen. Zuneigung und Unterstützung sind Ausdruck von Teamgeist und gehören ganz selbstverständlich zu einer Gemeinschaft, die ein gemeinsames Ziel – nämlich der Sieg – eint.*[20]

Das Boot steht in der Novelle symbolhaft für die Freundschaft der beiden Jungen. Zum einen lässt sich der „Zweier ohne" quasi als Überbegriff für die zwillingsgleiche Freundschaft zwischen Johann und Ludwig deuten, die **andere ausschließt** („ohne"). Im Boot wie in ihrer Beziehung existiert **kein Steuermann**, der korrigierend in das zunehmend problematisch werdende Verhältnis eingreifen könnte. Die beiden Familien als steuernde Instanz versagen.

Natürlich ist es auch im „Zweier" **Ludwig**, der als **Schlagmann** Geschwindigkeit und Richtung vorgibt, genauso, wie er in der Freundschaft der dominante Part ist. Nicht nur auf dem Wasser geht es um das **Gleichgewicht** der beiden Jungen („Weil jeder auf einer Seite zieht, müssen wir gleich stark sein, damit sich das Boot nicht im Kreis dreht.", S. 47). Ihr ständiges Bemühen, das ideale Wettkampfgewicht zu halten, wird durch Ludwigs übermäßiges Essen vor dem Landesentscheid vereitelt und steht symbolhaft für den Niedergang der Freundschaft.

Motorrad

> *Ein Motorrad, sagte Ludwig, ist wie ein Zweier ohne, zwei Leben, ein Schicksal. Deshalb passt es auch so gut zu uns, ergänzte ich [...]* (S. 90 f.)

Auch das Motorrad steht, wie an diesem Zitat deutlich wird, als Symbol für die Freundschaft zwischen Johann und Ludwig. Zu Beginn der Novelle dienen die alten, ausgeweideten Motorräder in der Werkstatt von Ludwigs Vater den Jungen für ihre **Spiele** („Wir spielten begeistert, [...] wahnwitzige Schräglagen imitierend [...], [entlockten] der Kehle ein schrilles Kreischen", S. 24). Doch wenige Monate später geben sie das Spiel auf (vgl. S. 24) und die Fahrzeuge dienen ihnen nur noch als Sitzplatz (vgl. S. 36).

Ausgestattet wie Zwillinge („Zwei weiße Helme und zwei schwarze Lederjacken", S. 68) fahren sie mit einem Motorrad zur Regatta. Wie üblich nimmt Ludwig die dominante Position ein, denn er steuert und bestimmt die Geschwindigkeit. Zumindest Johann, wohl auch Ludwig, erlebt auf der Fahrt **Glücksgefühle**, ähnlich wie während ihrer Kinderspiele auf den Motorrädern: „Es war ein wunderbares Gefühl, so mit Ludwig durch die Gegend zu fahren. [...] Ich jauchzte vor Glück" (S. 68).

Johann empfindet das Motorrad als adäquates Fahrzeug für Ludwig und sich, denn auch er sieht es als Synonym für ihre Zwillingsbeziehung:

> *Ein Motorrad passte zu uns, es ist ein Gefährt für zwei, man bewegt sich im Gleichklang, wippt zusammen vor beim Bremsen, zurück beim Beschleunigen, kippt in den Kurven gemeinsam nach rechts oder links.* (S. 68)

Auf der Rückfahrt jedoch ist das **gesetzeswidrige** Motorradfahren der Auslöser dafür, dass Ludwig Johann für seine Zwecke missbraucht. Er widerspricht nicht, als die Polizei Johann für den Fahrer hält und dieser die **Strafe** auf sich nimmt.

Von Ludwigs Entschluss, ein altes Motorrad herzurichten, ist Johann sofort begeistert: „Es war eine wunderbare Idee." (S. 78)

So wie das Turmprojekt verbindet diese Tätigkeit die beiden Jungen und betont ihre **Abgrenzung von anderen**. Dies zeigt auch der Wutausbruch Ludwigs gegenüber Vera. Ihren Übergriff in den persönlichen Bereich der Jungen, indem sie auf dem Motorrad sitzt (ähnlich ihrem Übergriff in der Turm-Thematik, nämlich ihrem Mittun-Wollen, das Johann innerlich abwehrt), bestraft Ludwig mit Gewalt gegenüber seiner Schwester.

Eines Nachts sitzen Johann und Vera auf einem Motorrad in der Werkstatt und Johann hält es für möglich, mit Vera wegzufahren, wenn das Motorrad fahrbereit wäre. Diese Erwägung kann er vermutlich aber nur deshalb machen, weil es nicht das Motorrad der Jungen ist und diese Vorstellung deshalb nicht die Freundessphäre berührt.

Schlussendlich wird durch das Motorrad der Freundschaft zwischen Ludwig und Johann ein Ende gesetzt, denn Ludwig kommt damit zu Tode.

Turm

Während des Sommers vor dem Unfall überlegen die Jungen, was sie nach dem Abitur machen sollen. Weil für Ludwig, und deshalb auch für Johann, ein Studium nicht infrage kommt, beschließen sie auf Ludwigs Idee hin, einen Turm in Asien zu bauen. **Fantasievorstellungen** solcher Art auszuleben entspricht einer alterstypischen Verhaltensweise. Jugendliche betrachten sich in dieser Lebensphase der Entwicklung oft als etwas ganz Besonderes. In ihren Wunschvorstellungen und Träumen erleben sie sich als unbesiegbare Helden, die über den Alltagsproblemen stehen.[21]

Ludwig und Johann grenzen sich durch ihre gemeinsamen Pläne von ihrem Umfeld ab und erfahren währenddessen eine **starke Zugehörigkeit** zueinander („es war herrlich“, S. 80). Johann würde „das haltlose Schwärmen“ über ihren Turm gerne noch weiter ausdehnen (vgl. S. 83). Dass der Plan gelingen würde, steht für die beiden außer Frage, denn: „wir waren zwei, wir waren Zwillinge, zusammen konnten wir alles schaffen“ (S. 80).

Johann erzählt Vera von dem Turm und diese möchte Mitbewohnerin sein. Johann hat einerseits „nichts dagegen, dass Vera auch davon träumte, es war sogar ganz schön, sich vorzustellen, wie sie dort [...] leben würde“ (S. 86 f.). Andererseits mag er es nicht, dass sie wie selbstverständlich von dem Turm spricht, als sie Johann z. B. fragt, ob er sie einmal in ihrer Etage besuchen käme, denn er betrachtet das Turmprojekt als „eine Sache zwischen Ludwig und [ihm]“ (S. 86).

Der Turm als Symbol steht generell „für Macht oder für das **Übersteigen des alltäglichen Niveaus**.“[22] So soll das Gebäude der Jungen das höchste in Asien sein, natürlich würde die oberste Etage ihnen gehören (vgl. S. 78–80). Sie steigern in Gedanken seine Höhe sogar noch, „[d]amit es den anderen nicht so leicht fallen würde, [sie] zu übertrumpfen“ (S. 83).

Unter anderem hat der Turm als literarisches Symbol eine positive Bedeutung als Leuchtturm, „der dem *Schiff* des Lebens mit seinem *Licht* die Richtung weist“[23]. Ludwig und Johann schmieden gemeinsame **Zukunftspläne** für ihr Leben, der Turm ist ihr Orientierungsmittel dafür. Andererseits ist er häufig auch ein Symbol für „die menschliche Vermessenheit – im Sinne des babylonischen Turmes“.[24] Während der Zeit, in der die Jungen über den Turm reden, beginnt die Basis für dieses Projekt, nämlich ihre Freundschaft, zu bröckeln. Ludwig selbst beendet aus dieser Erkenntnis heraus das Turmprojekt: „Hör doch mal auf [...] von diesem Scheiß-Schlitzaugenturm zu labern.“ (S. 92) Johann verletzt diese Äußerung zunächst, doch dann gibt er Ludwig recht und findet auch für sich eine Begründung dafür: „weil die Idee vom Turm in Asien vielleicht doch zu kindisch war für unser Alter.“ Vom Turm wird ab diesem Zeitpunkt zunächst nicht mehr gesprochen. Erst als sie in der Nacht bei der Leiche unter der Brücke sitzen und ihre Stimmung „heiter, sogar fröhlich, [...] albern, [...] ausgelassen" (S. 100 f.) ist, ist der Turm noch einmal Thema. Sie überlegen, wie der Bauer sich als Hausmeister in ihrem Turm nützlich machen könnte. Diese Nacht beschließt zumindest Johann mit „Gedanken an eine uns freundlich gesinnte Zukunft" (S. 102).

6 Interpretation von Schlüsselstellen

Das Zwillingsgelübde (S. 46–50)

Aufgrund ihrer gleich guten Voraussetzungen (gleiche Statur, Kraft und gleiches technisches Können) und ihrer Freundschaft („wir waren Freunde, wir dachten gleich", S. 47) gewinnen die beiden Jungen in der ersten Saison alle Rennen in ihrer Bootsklasse. Das ändert sich jedoch, als die Zwillinge aus Potsdam sie im Jahr darauf zweimal hintereinander schlagen. Die Jungen sind verzweifelt; wohl insbesondere Ludwig denkt über eine Strategie nach, wie die Konkurrenz besiegt werden kann. Naheliegende Möglichkeiten, z. B. das Training zu intensivieren oder zu modifizieren, scheinen ihm nicht als Erstes in den Sinn zu kommen. Der Gewinn bringende Vorteil, den die Konkurrenten haben, liegt nach Ludwigs Vorstellung in ihrer Zwillingsbeziehung. Er **negiert die Individualität** der Personen, vielmehr stellt er sich vor, dass neben der körperlichen Gleichheit auch eine Übereinstimmung im Denken, Fühlen und Handeln vorliegt.

Am Abend nach dem zweiten verlorenen Rennen lotst Ludwig Johann deshalb auf die Brücke, um diesem seine Überlegungen zu verdeutlichen. Er führt ihm vor Augen, dass zwischen der vermuteten Verhaltensweise der Zwillinge und dem der Freunde ein Unterschied ist, den es zu beheben gilt. Auf das Absperrgitter der Autobahn gestützt, fragt er Johann wiederholt, ob dieser auch springen würde, wenn er selbst es täte. Johanns Reaktion („Lass das", S. 48) nimmt Ludwig als Beweis dafür, dass sein

Freund ihm nicht in den Tod gefolgt wäre. Er ist zwar derselben Meinung wie Johann, dass eine sportliche Niederlage kein Grund ist, sich das Leben zu nehmen („Du wärst nicht gesprungen, sagte er, ein paar verlorene Rennen sind auch kein Grund, sich umzubringen“, S. 48), doch er stellt die Forderung auf, dass sie, wollten sie die Zwillinge schlagen, auch „**Zwillinge sein**“ und deshalb „das Gleiche tun, [...] wollen, [...] denken“ (S. 48) müssten. Was im Extremfall heißt, dass der Grund für den einen, von der Brücke zu springen, Grund genug für den anderen sein muss, dies ebenfalls zu tun.

Ludwigs Verhalten wird in dieser Situation immer emotionaler. Während er sich auf das Absperrgitter stützt, redet er noch in normaler Lautstärke mit Johann („sagte er“, S. 48), als er wieder vor Johann steht, packt er ihn an den Schultern, er nennt die Zwillinge „verdammte Burschen“ und zum Schluss schreit er, als er einen möglichen doppelten Selbstmord als zwangsläufige Konsequenz aus dem gewünschten Zwillingsverhältnis fordert:

> *Er schrie. Und wenn einer von uns einen Grund hat, von dieser Brücke zu springen, dann muss das auch ein Grund für den anderen sein, von dieser Brücke zu springen, verstehst du? Willst du das?* (S. 48)

Den Höhepunkt an Emotionalität stellt Ludwigs abschließende Frage dar, die an ein Gelübde oder an ein Eheversprechen erinnert.

Über die **Radikalität** der Forderung, sich im gegebenen Fall gegenseitig in den Selbstmord zu folgen, scheint Johann nicht nachzudenken. Er interpretiert Ludwigs Vorschlag vielmehr dahingehend, dass Ludwig ihm zu verstehen gibt, genauso sein zu wollen wie er, Johann (vgl. S. 49). Diese Annahme untermauert auch seine weitere Anmerkung: „Ein Zwilling, so verstand ich Ludwig, ist einer, der einen nie erschüttert, weil das, was er tut und sagt und trägt, immer auch das Eigene ist.“ (S. 49) Im Laufe der Zeit wird jedoch deutlich, dass Ludwig von Johann eine **Anpassung** fordert bzw. Johann diese unbewusst selbst vollzieht.

Johann und Ludwig beim Rudertraining. (Filmfoto)

Als 16-Jähriger findet Johann sich, wie viele andere in diesem Alter, „hässlich“, „unerträglich“ und „unsicher“ (S. 49), wechselweise voller Zweifel und Hoffnungen. Deshalb ist Johann glücklich über Ludwigs Vorschlag (vgl. S. 48), denn für ihn bedeutet die neue Qualität der Freundschaft **neues Selbstbewusstsein** („Wie sicher einen das macht.“, S. 49).

Zunächst intensiviert sich die Freundschaft zwischen den beiden Jungen vor dem Hintergrund ihres gemeinsamen sportlichen Ziels und ihres zunehmend identischen Freizeitverhaltens: „Fast jede wache Minute verbrachten wir miteinander [...]“, (S. 49). Zudem erzählen sie sich „jeden Gedanken, damit er auch zum Gedanken des anderen werden“ (S. 49 f.) kann, bis hin zu ihren Träumen (vgl. S. 55). Dieser „intensive **sprachliche Austausch** [...] wird zur **Basis für eine neue Identität** der Jungen“[25] und knüpft an Johanns schon früher geäußerte Vorstellung von einer Gewinn bringenden, Identität stiftenden Freundschaft an:

> *Was man nicht mitteilen konnte, war nicht. Es gab uns nur im Spiegel von anderen. [...] Je häufiger man von seinen Erlebnissen berichten konnte, desto wirklicher war das, was man erlebt hatte.* (S. 14)

Doch am dominanten Verhalten Ludwigs ändert sich mit dem Zwillingsversprechen nichts, im Gegenteil: Er bringt Johann in der Folge dazu, anderweitige Beziehungen abzubrechen (Marco, Josefine) oder abzuschwächen (Mutter). Das Zwillingsversprechen ist für ihn die Grundlage, Johann völlig zu vereinnahmen. In fataler Weise wird dadurch bei beiden Jungen der **Prozess der positiven Identitätsfindung**, der ohne Austausch mit anderen nicht gelingen kann, beeinträchtigt. Auch miteinander verfallen sie zunehmend in **Sprachlosigkeit.**

Das Verhältnis zwischen Johann und Ludwig ist nie im Gleichgewicht. Trotzdem versucht Johann ständig, das Zwillingsbild aufrecht zu erhalten, für ein Gleichgewicht nach außen zu sorgen. Ludwig klammert sich daran, erinnert Johann auf der Brücke unter Lebensgefahr an den Schwur und **inszeniert** das fatale **Abhängigkeitsverhältnis** gleichsam **bildlich:**

> *Wir sind Zwillinge [...]. Lass los, schrie er, wir müssen es gemeinsam tun [...]. Wir halten uns gegenseitig [...].* (S. 108)

Ludwig hat insofern recht, als er Johann in der Freundschaft buchstäblich **festhält**, während Johann Ludwig **hält**, ihn also in dessen negativer Stimmung widerspruchslos unterstützt. Somit tragen beide mit ihrem Verhalten zur destruktiven Natur ihrer Freundschaft bei.

Ludwig schlägt Vera (S. 89 f.)

In der Mitte des Sommers beginnt die gemeinsame Arbeit der Jungen an ihrem Motorrad, und zwar nur kurz nachdem Johann die Beziehung zu Vera aufgenommen hat und die beiden sich „eigentlich jede Nacht“ (S. 84) treffen. Johann verschweigt Ludwig das Verhältnis und achtet darauf, die „Zeit mit [Vera] nicht auf Kosten von Zeit mit Ludwig“ (S. 88) zu verbringen. Trotzdem hat Ludwig sehr wahrscheinlich Kenntnis davon, auch weil Johanns Schreie während des Liebesakts mit Vera regelmäßig zu hören sind (vgl. S. 76, 87). So erklärt sich auch Ludwigs verändertes Verhalten ab diesem Zeitpunkt.

Die Arbeit am Motorrad beginnt er schon „ein wenig missmutig und ungewohnt schweigsam“ (S. 80), seine Laune wird immer schlechter, andererseits wird er „sehr anhänglich in dieser Zeit“ (S. 82). Er versucht Johann noch enger an sich zu binden.

Ludwig muss Vera als **Eindringling** in das enge Verhältnis zu Johann betrachten und er ist **eifersüchtig**. Zudem untergräbt sein Freund das Zwillingsversprechen, weil er mit Ludwig nicht über seine Beziehung redet, sondern sie verschweigt und vertuscht. Ludwig fühlt sich deshalb vermutlich **verraten und getäuscht**, er sieht die enge Beziehung zu Johann gefährdet. Als er nun, nach einem harten Training, erschöpft mit Johann nach Hause kommt, erblickt er Vera auf dem Motorrad sitzend. Neben dem Ruderboot ist das Motorrad der Gegenstand, der die beiden Jungen am stärksten miteinander verbindet. Indem sich Vera daraufsetzt, dringt sie **aktiv in die Zweisamkeit** der Jungen ein. In Ludwigs Augen gefährdet sie durch die Vereinnahmung des Symbols zusätzlich die zu diesem Zeitpunkt schon brüchig werdende Zweierkonstellation. Ludwig kann dieser Entwicklung bis dato nur **ohnmächtig** zusehen.

Weil er nicht gelernt hat, mit seiner Empfindsamkeit, seiner Angst und Ohnmacht umzugehen und sie zu artikulieren, **unterdrückt** er diese Gefühle fortwährend. Vermutlich **schämt** er sich seiner Empfindungen.[26] Dieses Verhalten ist folgenschwer, denn die Unterdrückung seiner Emotionen erzeugt Wut. Ludwig kann sich deshalb in dieser Situation nicht mehr zurückhalten. Den Anblick der auf dem Motorrad sitzenden Vera erträgt er nicht, die lange unterdrückten Gefühle brechen sich Bahn. Er stürzt sich auf Vera und ist buchstäblich „außer Kontrolle“ (S. 89). Nur mit vereinten Kräften gelingt es Johann und Ludwigs Vater, ihn von seiner Schwester wegzuziehen. Die Erklärung Johanns, dass der Grund für diese Gewalttätigkeit in der Beziehung der beiden Geschwister zueinander zu suchen ist und „normal“ sei (S. 90), erscheint mehr als naiv und blauäugig.

Unfall (S. 124–131)

Ludwig muss erkennen, dass die auf Ausschließlichkeit angelegte Freundschaft zwischen Johann und ihm zum Scheitern verurteilt ist. Johann entgleitet ihm durch dessen Verhältnis zu Vera. Ob seine Beziehung zu Johann von homosexueller Ausprägung, also von Liebe, oder lediglich von Besitzdenken und Dominanz gesteuert ist, lässt sich nicht abschließend deuten, spielt aber ohnehin eine untergeordnete Rolle. Er benötigt Johann zur **Spiegelung seiner selbst**. Johann ist der einzige Mensch, zu dem er eine emotionale Beziehung aufgebaut hat, auch wenn sie possessiver und dadurch zunehmend problematischer Art ist. Sein Bedürfnis nach Zuneigung und Zugehörigkeit, auch nach Geborgenheit, ist wohl zeitweise durch die Freundschaft zu Johann befriedigt worden, nun muss er erkennen, dass diese Sicherheit, beschworen durch das Zwillingsversprechen, bricht. Er hat nicht gelernt, seine **Emotionen zu artikulieren**, in diesem Fall seine Verlustängste und seine Trauer auszudrücken. Deshalb sinnt Ludwig eventuell auf andere Weise nach einer Lösung seiner Probleme. Vermutlich trägt er sich schon beizeiten mit dem Gedanken, Johann durch den **gemeinsamen Tod** für immer an sich zu binden. Er kann allerdings nicht darauf hoffen, dass Johann ihm gemäß dem Zwillingsversprechen freiwillig in den Tod folgt (vgl. S. 48). Das Motorrad verschafft ihm jedoch die Möglichkeit, sein Ziel ohne Johanns Zustimmung zu erreichen. Im Sommer vor dem Unfall scheint er intensiv darüber nachzudenken, während Johann alleine am Motorrad arbeitet:

Drehte ich mich zu ihm, sah ich, dass [Ludwig] nicht meine schraubenden, feilenden, hämmernden Hände betrachtete, sondern mein Gesicht. (S. 90)

Auch die bereits erwähnten Äußerungen, die er gegenüber Johann diesbezüglich macht und die Veras Verdacht schüren, legen dies nahe (vgl. S. 82, 90 f.). Nach dem verlorenen Rennen beim Landesentscheid umarmen sich die beiden Jungen, was ihnen bisher nie gut gelungen ist. Ludwig hält Johann dabei richtig fest und bestimmt auch die Dauer. Es ist „eine richtig große Umarmung, so wie man sie in den Filmen sieht, wenn einer auf ein Dampfschiff steigt und ein anderer bleibt zurück" (S. 118). Entsprechend der von Johann assoziierten Abschiedsszene ist diese Umarmung möglicherweise als ein **erstes Abschiednehmen** von dem Freund zu bewerten.

Am folgenden Nachmittag fährt Johann zu Ludwig. Dieser hat die Führerscheinprüfung bestanden und seine knappen Äußerungen (vgl. S. 124) lassen vermuten, dass er so schnell wie möglich zu ihrer ersten Fahrt aufbrechen will. Während des Ausflugs machen die Jungen eine Kaffeepause, bei der sie anscheinend nicht reden: „[Wir] betrachteten unser Motorrad. Ich wollte ihm von Vera erzählen, blieb aber still." (S. 126) Ludwig klopft Johann auf die Schulter, bevor er wieder aufsteigt. Dies könnte als **versöhnliche Abschiedsgeste** gedeutet werden.

Ein weiteres Indiz dafür, dass Ludwig den Unfall absichtlich herbeigeführt hat, sind die Umstände des Unfalls. Obwohl er freie Sicht hat (vgl. S. 127), bremst Ludwig an der Kreuzung nicht und nimmt einem Lastwagen die Vorfahrt (vgl. S. 130 f.).

Johann verteidigt vehement die eher unwahrscheinliche Version, dass der Unfall nicht von Ludwig beabsichtigt war: Seiner Meinung nach sei Ludwig möglicherweise durch einen Heißluftballon abgelenkt gewesen oder er habe sich verschätzt, weil er kaum Erfahrung hatte (vgl. S. 131). Dieser Einschätzung widersprechen vor allem die Andeutungen, die Ludwig zuvor gemacht hat, und seine überaus depressive Verfassung vor dem Unfall.

Aus Johanns Sicht ist es aber verständlich, dass er es ablehnt, an eine geplante Handlung Ludwigs zu glauben, würde er doch dadurch die gesamte Freundschaft infrage stellen. Dazu ist er auch als Erwachsener noch nicht in der Lage.

Literaturhinweise

Verwendete Ausgabe

KURBJUWEIT, Dirk: *Zweier ohne. Die Geschichte einer bedingungslosen Freundschaft.* Köln: Verlag Kiepenheuer & Witsch 2012

Weiterführende Literatur

PFÄFFLIN, Sabine: *Dichte Symbolik und spannende Lektüre. Dirk Kurbjuweits Novelle „Zweier ohne" im Unterricht.* In: Literatur im Unterricht. 9. Jahrgang, Heft 1, 2008, S. 39–56

Rezensionen

HABERMANN, Kristina: *Ein Zwillingsgelübde bis über alle Grenzen. Dirk Kurbjuweits Novelle „Zweier ohne".*
In: www.literaturkritik.de/public/rezension.php?rez_id=6046 (aufgerufen am 15. 5. 2013)

HERMANN, Thomas: *Brücken bauen. Dirk Kurbjuweit über eine Zwillingswerdung.*
In: www.literaturkritik.de/public/rezension. php?rez_id=4042 (aufgerufen am 15. 5. 2013)

JUNG, Jochen: *Auf die Erde gefallen.* In: www.tagesspiegel.de/kultur/auf-die-erde-gefallen/289680.html (aufgerufen am 15. 5. 2013)

FELDMANN, Joachim: *Verhängnisvolle Freundschaft. Konzentriertes Erzählstück – Dirk Kurbjuweits Meisternovelle „Zweier ohne".* In: www.freitag.de/autoren/der-freitag/verhangnisvolle-freundschaft (aufgerufen am 15. 5. 2013)

Anmerkungen

1 Jung, Jochen: Auf die Erde gefallen. In: Der Tagesspiegel, 10. 2. 2002; www.tagesspiegel.de/kultur/auf-die-erde-gefallen/289680.html
2 http://ngbuesum.de/wikka/wikka.php?wakka=AntwortKurbjuweit
3 ebd.
4 vgl. ebd.
5 vgl. http://de.wikipedia.org/wiki/Zweier_ohne_Steuermann
6 vgl. http://de.wikipedia.org/wiki/Fu%C3%9Fsteuer
7 vgl. http://de.wikipedia.org/wiki/Schlagmann
8 vgl. http://de.wikipedia.org/wiki/Fu%C3%9Fsteuer
9 vgl. Pollack, William: Jungen. Was sie vermissen, was sie brauchen. Frankfurt a. M.: Fischer Verlag 2010, S. 329
10 vgl. ebd., S. 191
11 vgl. ebd., S. 366
12 vgl. ebd., S. 382–389
13 *[Familienmitglieder] zeigen untereinander Gefühle und äußern angstfrei die eigene Meinung. Man interessiert sich füreinander, tauscht sich lebhaft aus, tröstet sich gegenseitig und freut sich miteinander.* In: Wettig, Jürgen: Schicksal Kindheit. Heidelberg: Springer 2009, S. 144
14 Aust, Hugo: Novelle. Stuttgart/Weimar: Metzler 2012, S. 10
15 Korten, Lars: Novelle. In: Burdorf, Dieter et al. (Hrsg.): Metzler Literatur Lexikon. Stuttgart/Weimar: Metzler 2007, S. 548
16 vgl. ebd., S. 547 f.
17 vgl. ebd., S. 547
18 Herder Lexikon der Symbole. Freiburg: Herder, 5. Auflage 1978, S. 31
19 Pfäfflin, Sabine: Auswahlkriterien für Gegenwartsliteratur im Deutschunterricht. Baltmannsweiler: Schneider Hohengehren 2010, S. 77
20 Pollack, S. 329
21 vgl. Riecke-Niklewski, R.; Niklewski, G.: Eltern-Handbuch. Alles, was zwischen 10 und 20 passieren kann. Berlin: Stiftung Warentest 2000, S. 50
22 Becker, Udo: Lexikon der Symbole. Freiburg: Herder, 8. Auflage 2010, S. 314
23 Biedermann, Hans: Knaurs Lexikon der Symbole. München: Droemersche Verlagsanstalt Th. Knaur Nachf. 1989, S. 452
24 ebd., S. 452
25 Waldow, Stephanie: Das unerhörte Ereignis der Kommunikation. Zur Renaissance der Gattung Novelle in der deutschsprachigen Gegenwartsliteratur. In: Der Deutschunterricht. Seelze: Friedrich Verlag 2011, S. 72
26 vgl. Pollack, S. 413

Ihre Meinung ist uns wichtig!

Ihre Anregungen sind uns immer willkommen. Bitte informieren Sie uns mit diesem Schein über Ihre Verbesserungsvorschläge!

Titel-Nr.	Seite	Vorschlag

Bitte hier abtrennen

Lernen • Wissen • Zukunft
STARK

Bitte hier abtrennen

Zutreffendes bitte ankreuzen! Die Absenderin/der Absender ist:

- ☐ Lehrer/in in den Klassenstufen: ____
- ☐ Fachbetreuer/in
  Fächer: ____
- ☐ Seminarlehrer/in
  Fächer: ____
- ☐ Regierungsfachberater/in
  Fächer: ____
- ☐ Oberstufenbetreuer/in
- ☐ Schulleiter/in
- ☐ Referendar/in, Termin 2. Staatsexamen: ____
- ☐ Leiter/in Lehrerbibliothek
- ☐ Leiter/in Schülerbibliothek
- ☐ Sekretariat
- ☐ Eltern
- ☐ Schüler/in, Klasse: ____
- ☐ Sonstiges: ____

STARK Verlag
Postfach 1852
85318 Freising

Bitte ausfüllen und im frankierten Umschlag
an uns einsenden. Für Fensterkuverts geeignet.

22-V1P

Kennen Sie Ihre Kundennummer?
Bitte hier eintragen.

Absender (Bitte in Druckbuchstaben!)

Name/Vorname

Straße/Nr.

PLZ/Ort/Ortsteil

Telefon privat

Geburtsjahr

E-Mail

Schule/Schulstempel (Bitte immer angeben!)

Unterrichtsfächer: (Bei Lehrkräften!)

(Bitte blättern Sie um)

Mac Lesggy

Mes drôles de questions sur

La vie quotidienne

Philippe Bonnel

Richard Poisson

Didier Georget *illustrations*

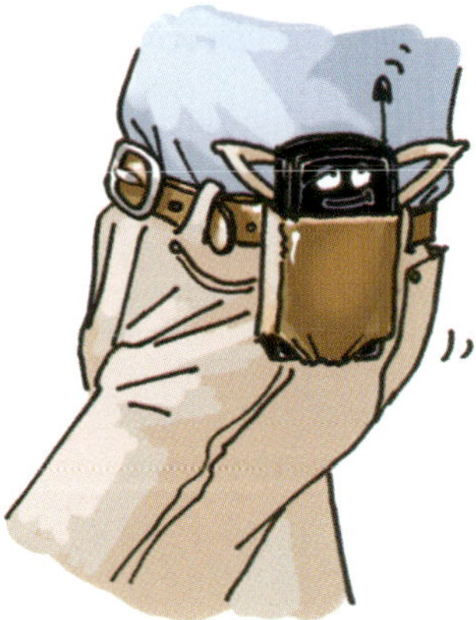

ISBN 2 915 127 17 4 © M6 Éditions, 2006
Direction éditoriale : Caroline Facy, Stéphanie Pelleray
Coordination marketing : Céline Trancart
Conception graphique : Florence Magnier,
Stéphane Robert et Alexia Levy
Relecture / correction : Claude Thomas et Michèle Cohen

Pour **Arthur, Emilie, Jeanne, Joseph, Julie, Lolita 1, Lolita 2, Lou, Marcel, Marie, Mattéo, Victor, Zoé** et… tous les autres.

Dans la même collection

L'histoire de France

Les animaux sauvages

Le corps humain

Mac Lesggy

Mes drôles de questions sur

La vie quotidienne

Philippe Bonnel

Richard Poisson

Didier Georget *illustrations*

Depuis des années, je vous initie,
dans E=M6, aux dessous scientifiques
cachés de notre vie quotidienne.
Car la science est partout !

Pourquoi le fil du téléphone s'entortille-t-il ?
Pourquoi les trains roulent-ils à gauche
et pas à droite ?
Pourquoi flotte-t-on mieux dans
la mer que dans un lac ?
Ces questions, et bien d'autres,
je les ai regroupées dans ce livre.

En le lisant, vous allez découvrir une
autre dimension de la science, pratique,
concrète, amusante, bien différente de
celle que l'on apprend à l'école.

Bonne lecture !

Mac Lesggy

Le Quiz
d'ouverture

Vous êtes curieux de tout ?

Du petit déjeuner à l'heure de s'endormir, vous vous posez sans cesse des questions sur le monde qui nous entoure ?

Ce livre est fait pour vous ! Il va vous apprendre mille choses insolites sur votre environnement. Pour évaluer votre niveau, je vous propose, avant de le lire, d'essayer de répondre aux 30 questions qui suivent. Ceci fait, comptez vos bonnes réponses, vous trouverez **les solutions page 19.**

1 Pourquoi le fil du téléphone s'entortille-t-il ?

a ❑ Parce qu'on joue avec en téléphonant.

b ❑ Parce qu'il dépense ainsi l'énergie que nous lui donnons.

c ❑ Parce qu'on raccroche mal son combiné.

2 Pourquoi le citron éclaircit-il le thé ?

a ❑ Parce qu'il contient de la vitamine C antioxydante.

b ❑ Parce qu'il est plus clair que le thé.

c ❑ Grâce à la différence de température entre le thé et le citron.

3 Pourquoi pleure-t-on en épluchant les oignons ?

a ❑ À cause d'une enzyme contenue dans l'oignon.

b ❑ À cause d'une huile contenue dans l'oignon.

c ❑ À cause d'une épice contenue dans l'oignon.

4 Quelle est la température que doit atteindre le premier bain d'huile des frites ?

a ❑ 980 degrés.

b ❑ 380 degrés.

c ❑ 180 degrés.

5 Quel est le point commun entre les Chinois, les Thaïlandais et les Aborigènes d'Australie ?

a ❑ Ils ont le même alphabet.

b ❑ Ils sont nyctalopes et voient la nuit.

c ❑ Ils mangent des cafards.

6 Combien y a-t-il de sel dans chaque litre d'eau de mer ?

a ❑ Entre 95 et 112 grammes.

b ❑ Entre 35 et 42 grammes.

c ❑ Entre 12 et 17 grammes.

7 Pourquoi les clémentines n'ont-elles pas de pépins ?

a ❑ Parce qu'elles subissent un traitement chimique.

b ❑ Parce que leurs chromosomes sont en triple exemplaire, au lieu d'être en double.

c ❑ Parce qu'elles ont la peau plus épaisse que les mandarines.

8 Quelles sont les conséquences des éruptions volcaniques sur l'atmosphère ?

a ❑ Elles refroidissent l'atmosphère.

b ❑ Elles réchauffent l'atmosphère.

c ❑ Elles font pleuvoir.

9 **Y a-t-il de la cocaïne dans les Cola ?**

a ❑ Absolument pas.

b ❑ Il y en a eu, mais on l'a retiré.

c ❑ On en rajoute pour traiter certaines maladies rares.

10 **À partir de quel minerai produit-on l'énergie nucléaire ?**

a ❑ De l'uranium.

b ❑ Du radium.

c ❑ De l'atomium.

11 **Au niveau de la mer, à quelle température l'eau bout-elle ?**

a ❑ 120 degrés.

b ❑ 100 degrés.

c ❑ 90 degrés.

12 **Qui a inventé la brosse à dents ?**

a ❑ Les Américains.

b ❑ Les Européens.

c ❑ Les Chinois.

13 **Qu'est-ce qu'un avion subsonique ?**

a ❑ Un avion qui vole en planant sur son propre son.

b ❑ Un avion qui vole plus vite que le son.

c ❑ Un avion qui vole moins vite que le son.

14 Combien de temps faudrait-il marcher pour éliminer un kilo de cellules graisseuses ?

a ❑ 72 heures.

b ❑ 42 heures.

c ❑ 22 heures.

15 Le tatou est-il à l'origine du tatouage ?

a ❑ Oui, c'est en le découvrant que les explorateurs ont eu l'idée de se « tatouer ».

b ❑ Oui, c'est en se faisant griffer par un tatou qu'un explorateur inventa le tatouage.

c ❑ Non, cela n'a aucun rapport.

16 Pourquoi les trains roulent-ils à gauche ?

a ❑ À cause d'une tradition équestre.

b ❑ À cause d'une tradition maritime.

c ❑ Complètement par hasard.

17 À quel doigt porte-t-on son alliance lorsque l'on est marié ?

a ❑ À l'index.

b ❑ Au majeur.

c ❑ À l'annulaire.

18 Pourquoi mon poste radio fonctionne-t-il mieux quand je le touche ?

a ❑ Parce que je rétablis des contacts en le secouant.
b ❑ Parce que je suis chargé d'énergie comme une pile.
c ❑ Parce que mon corps se comporte comme une antenne.

19 À quelle vitesse les images défilent-elles au cinéma ?

a ❑ 35 images par seconde.
b ❑ 24 images par seconde.
c ❑ 18 images par seconde.

20 Quelle est la vitesse d'un coup de poing donné par un boxeur professionnel ?

a ❑ 40 km/h.
b ❑ 60 km/h.
c ❑ 90 km/h.

21 Quel poison toxique les noyaux des fruits renferment-ils en petite quantité ?

a ❑ De la mort-aux-rats.
b ❑ Du cyanure.
c ❑ De l'absinthe.

22 Quelle quantité de gaz carbonique chaque meule d'emmental émet-elle ?

a ❏ 50 litres.

b ❏ 75 litres.

c ❏ 150 litres.

23 Pourquoi le chocolat blanc est-il blanc ?

a ❏ Parce qu'il ne contient que du beurre de cacao et du sucre.

b ❏ Parce qu'il a été blanchi par un traitement spécial.

c ❏ Parce qu'il y a beaucoup de chocolat au lait dedans.

24 Pourquoi la glace flotte-t-elle dans l'eau ?

a ❏ Parce qu'il y a des bulles d'air emprisonnées dedans.

b ❏ Parce qu'elle est plus froide que l'eau.

c ❏ Parce qu'elle augmente de volume en passant à l'état solide.

25 Quelle quantité d'azote se trouve dans l'air que nous respirons ?

a ❏ 15 %.

b ❏ 55 %.

c ❏ 78 %.

26 D'où vient le nom des baleines utilisées dans les parapluies ?

a ❏ Des baleines elles-mêmes.

b ❏ Des bas de laine qui servaient à tendre la toile.

c ❏ De la forme des bacs dans lesquels on vendait les parapluies.

27 À combien de centimètres correspond chaque pointure de nos chaussures ?

a ❏ 2 centimètres.

b ❏ 1,5 centimètre.

c ❏ 2 tiers de centimètre.

28 Quelle est la température au cœur du soleil ?

a ❏ 1 milliard de degrés.

b ❏ 15 milliards de degrés.

c ❏ 100 milliards de degrés.

29 Quelle est la force qui permet aux aimants d'aimanter ?

a ❏ La force aimante.

b ❏ La force noire.

c ❏ La force magnétique.

30 Combien de temps se conserve une bouteille d'eau minérale ouverte ?

a ❑ Près d'un an.
b ❑ 48 heures.
c ❑ Un mois.

Réponses

1b — 2a — 3a — 4c — 5c — 6b — 7b — 8a — 9b
10a — 11b — 12c — 13c — 14b — 15c — 16a — 17c
18c — 19b — 20a — 21b — 22c — 23a — 24c
25c — 26a — 27c — 28b — 29c — 30b

Comptez vos mauvaises réponses

Entre 0 et 9 mauvaises réponses

Vous êtes un expert et ce livre servira surtout à enrichir vos très bonnes connaissances.

Entre 10 et 19 mauvaises réponses

Les drôles de questions et leurs réponses contenues dans ce livre ne peuvent faire que du bien à votre savoir un peu chancelant.

Plus de 20 mauvaises réponses

Vous êtes terriblement distrait, sûrement très rêveur, bref, à côté de la plaque. Ce monde n'est pas aussi mystérieux qu'il en a l'air, lisez ce livre et vous y verrez plus clair !

Pourquoi le **fil** du **téléphone** s'**entortille**-t-il ?

Quand un cordon de téléphone est tendu, il acquiert de l'énergie. Quand il revient à sa forme initiale spiralée, cette énergie se transforme en chaleur. Il arrive que le cordon ne parvienne pas à évacuer un trop-plein d'énergie uniquement sous forme de chaleur, il prend alors une autre configuration pour le dissiper. En se tordant en plusieurs spirales inversées, il crée des tensions supplémentaires qui dépensent ce trop-plein d'énergie sous une forme mécanique.

Pourquoi le **citron** **éclaircit**-il le **thé** ?

Parce qu'il contient de la vitamine C qui est un antioxydant. Dans le thé se trouvent des phénols, une substance chimique qui s'oxyde au contact de l'oxygène. En conséquence, les phénols se transforment en quinones et le thé s'assombrit. En ajoutant du citron, la vitamine C retransforme les quinones en phénols et le thé s'éclaircit. Pour la même raison, le citron empêche les champignons de Paris, les quartiers de pomme ou d'avocat de noircir.

Quand mon papa a **trop bu**, doit-il prendre de l'**aspirine** contre la **gueule de bois** ?

Jamais, malheureux ! Il risque de se retrouver sur un lit d'hôpital avec une hémorragie digestive. L'alcool, comme l'aspirine, attaque la paroi de l'estomac que l'on appelle la muqueuse gastrique.

D'où viennent les **rayures** du **dentifrice** ?

C'est à une invention brevetée, il y a quarante ans, par la marque Signal que l'on doit les magnifiques rayures de notre dentifrice. Près de l'ouverture du tube se trouve un réservoir secondaire, percé de petits trous. En fait, c'est dans ce réservoir qu'est stockée la pâte de couleur qui constitue à peine 5 % du volume total. Quand on presse le tube, la pâte blanche s'engouffre par l'orifice principal, tandis que celle de couleur, coincée en bout de tube, ne peut passer que par les petits trous qui donnent donc ces belles rayures colorées.

Pourquoi **pleure**-t-on en **épluchant** les **oignons** ?

Parce que l'oignon contient une enzyme, la lacrimatory factor synthase. Quand on le coupe, ces enzymes sont libérées et agressent nos yeux. Pour les évacuer, nos glandes lacrymales produisent une quantité plus importante de larmes. Pour ne plus pleurer comme une madeleine, on peut éplucher les oignons sous un robinet : l'eau qui s'écoule emporte les lacrymatory factor synthase au fond de l'évier.

Pourquoi place-t-on des **cailloux** sous **les rails** de **chemin de fer** ?

C'est le meilleur moyen que l'on connaisse pour amortir les vibrations des trains. Pour les lignes à grande vitesse, comme le TGV, on utilise des petits cailloux qui forment un matelas souple et élastique. Les gros cailloux sont plus adaptés aux convois de marchandises qui circulent plus lentement.

Comment dois-je faire **cuire** les **frites** ?

Ta maman t'a dit de les faire cuire dans deux bains d'huile successifs et elle a raison. Des scientifiques se sont penchés sur la question, ils sont formels : il faut d'abord les faire cuire à 180 °C pendant plusieurs minutes afin que le cœur des frites atteigne les 90 °C nécessaires à la cuisson. Ensuite, il faut les retirer de l'huile. Ils ont même calculé que le deuxième bain devait atteindre les 200 °C avant de remettre les frites dans la friteuse. Ainsi, l'eau contenue dans la pomme de terre s'évapore et on réussit de magnifiques frites croustillantes et tendres à la fois.

Combien de **temps** peut-on **conserver** de l'**eau** minérale une fois la bouteille **ouverte** ?

Normalement, on peut boire l'eau d'une bouteille pendant 48 heures après l'avoir ouverte. Mais si l'on boit au goulot, il est préférable de la terminer dans la journée, à cause des bactéries provenant de notre bouche. Il est également déconseillé de laisser les bouteilles en plastique au soleil : les sels minéraux présents dans les eaux minérales peuvent, sous l'effet de la chaleur, se précipiter sous forme d'une poudre blanche, sans danger pour notre santé, mais d'un aspect peu ragoûtant.

Quel est le **secret** d'une **confiture** bien **prise** ?

La confiture est un gel dont la cohésion est assurée par les pectines. Ce sont des molécules très longues, formées de sucres simples. Elles sont libérées par les cellules végétales des fruits qui éclatent pendant la cuisson. Si la concentration en sucre est comprise entre 45 et 65 %, les molécules de pectines se lient entre elles et forment ainsi le gel. C'est pour cela que si les fruits ne sont pas assez sucrés, on rajoute du sucre pour réussir une bonne confiture.

Les **montres** luminescentes sont-elles **radioactives** ?

Oui, mais très faiblement. Aujourd'hui, on n'utilise plus de radium, un élément radioactif qui servait à rendre les aiguilles luminescentes : son emploi a été interdit, il y a trente ans, par la médecine du travail. En revanche, on utilise du tritium, lui aussi radioactif, mais dont le rayonnement est inférieur au rayonnement radioactif naturel que nous subissons quotidiennement dans notre environnement.

Est-ce que les **pneus** s'**usent** plus vite dans les **virages** ?

Oui et cette usure est due à l'inertie de la voiture. Celle-ci tire la voiture vers l'extérieur du virage, à charge pour les pneus d'absorber cette contrainte qui n'existe pas en ligne droite. Quand un véhicule amorce un virage à vive allure, les pneus se déforment, ce qui entraîne une usure spécifique sur leur côté extérieur. Pour compenser cette usure inégale, les manufacturiers fabriquent des pneus asymétriques dont les bords sont renforcés.

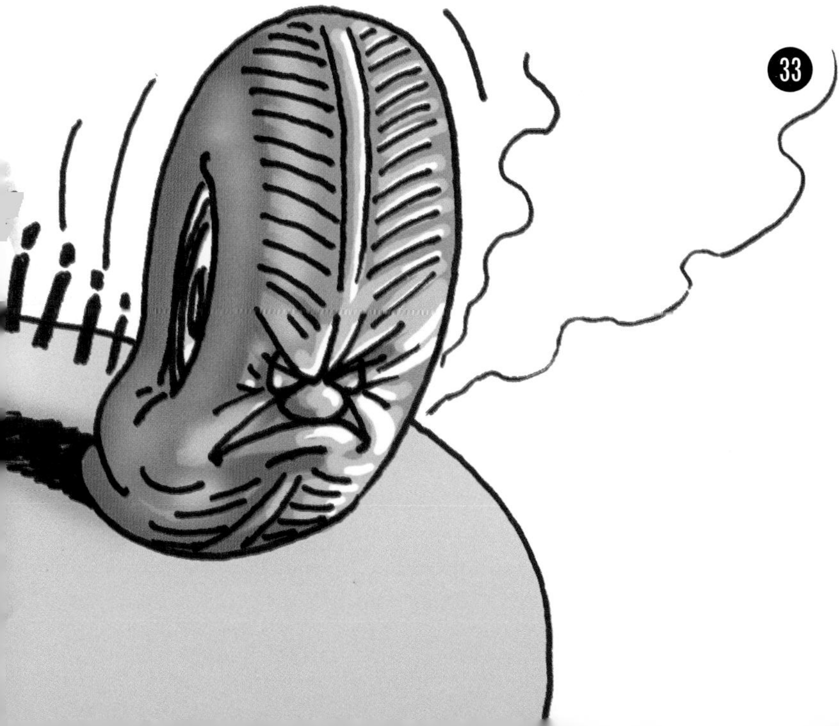

Comment la **gomme efface**-t-elle ?

C'est une question d'attirance «physique». Les petits grains de graphite qui constituent un trait de crayon sont plus attirés par les atomes de la gomme que par ceux du papier. Cette attirance est une force électrique dite de Van der Walls. Elle s'exerce entre les atomes de deux corps en contact; elle est plus forte entre le graphite et la gomme qu'entre le graphite et le papier. L'encre est plus difficile à effacer car elle imprègne le papier et ne reste pas en surface comme la mine de crayon.

Comment se **déplace** une **foule** ?

En assimilant les individus qui composent une foule à des particules, on est parvenu à modéliser leurs comportements et même à prévoir leurs déplacements. En gros, même si nous sommes des êtres dotés d'un pouvoir de décision, les flux humains ressemblent beaucoup à des nuages de molécules : ils obéissent aux mêmes lois. Une foule qui avance, par exemple, obéit à deux règles : chacun veut avancer le plus vite possible et éviter tout contact avec les autres.

Pourquoi a-t-on **froid** en **sortant** du **bain** ?

En sortant du bain, l'eau qui reste sur notre peau et nos poils s'évapore. Cette évaporation absorbe une grande quantité de chaleur : l'eau puise dans notre organisme, via la peau, les calories qui vont lui permettre de passer de l'état liquide à l'état de vapeur d'eau. En fait, cette eau résiduelle pompe notre chaleur.

Comment **fabriquer** des **glaçons transparents** ?

Il faut utiliser le même système que celui des yaourtières ou des sorbetières : agiter légèrement l'eau pour éviter la formation de cristaux de glace.

Comment prend-on une **radio** de notre **corps** ?

Les rayons X traversent la peau, la chair, mais beaucoup plus difficilement les os. Grâce à cette étonnante propriété, les médecins disposent d'une vue très nette de notre squelette. Les radiologues possèdent des appareils qui émettent des rayons X comme un flash d'appareil photo. Le rayonnement traverse notre corps, comme les rayons lumineux traversent une vitre, et vient impressionner une pellicule photo placée derrière nous. Développée, la photographie ainsi obtenue révèle fractures ou malformations de nos os, mais aussi les terribles caries chères à nos dentistes.

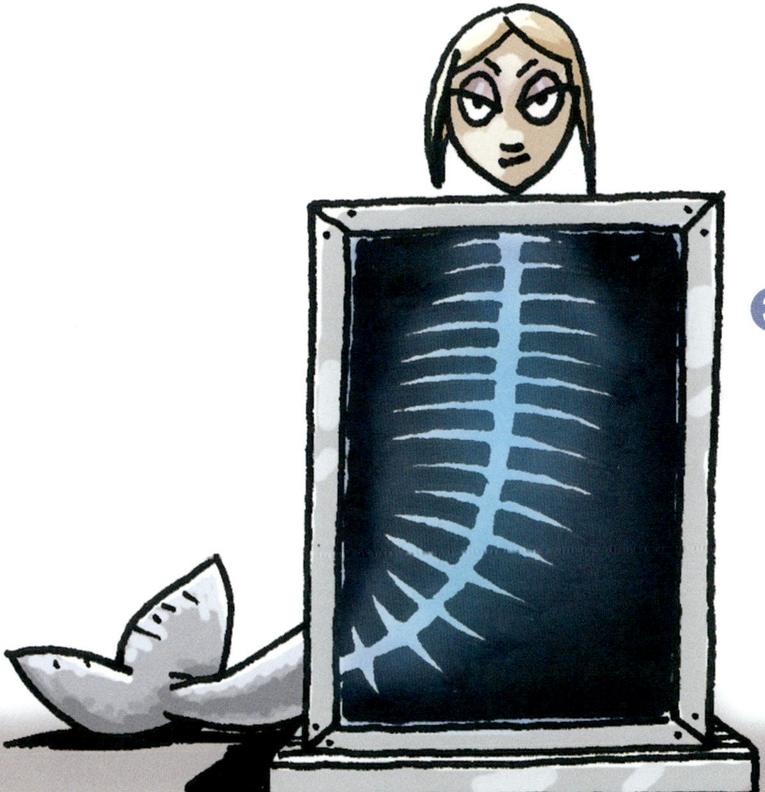

Pourquoi la **fumée** fait-elle subitement des **volutes ?**

Si la fumée montait toujours à la même vitesse, elle ne ferait pas de volutes, son panache grimperait tout droit dans le ciel. Au départ, la vitesse ascensionnelle est relativement lente et homogène parce qu'il n'y a aucune turbulence. En montant, la colonne de fumée provoque des différences de vitesse entre son centre et ses bords : au contact de l'atmosphère les bords se refroidissent et leur vitesse diminue, au centre, au contraire, le courant d'air est plus chaud, la fumée monte plus vite. Cette différence de vitesse crée des variations de pression, qui engendrent des turbulences, lesquelles entraînent la fumée dans une succession de volutes.

Les dictons **météo** sont-ils **vrais** ?

Les statistiques, dont certaines remontent à un peu plus d'un siècle, ne permettent pas de trancher. Le dicton « Noël au balcon, Pâques aux tisons », par exemple, ne se vérifie qu'une fois sur deux. Certains sont plus « malins » : « Pluie à l'Assomption, huit jours de mouillon » est plutôt juste, mais il y a 75 % de chances qu'il fasse le même temps demain qu'aujourd'hui !

De quoi est **composé** l'**air pollué** des **villes** ?

On distingue quatre principaux polluants : le dioxyde d'azote, l'ozone, les particules en suspension et le dioxyde de soufre. Le dioxyde d'azote est produit, pour 73 %, par les véhicules à moteur, pour 17 %, par le chauffage domestique et, pour 10 %, par les industries. Ce gaz peut entraîner des infections des bronches et même altérer les fonctions respiratoires ; les enfants y sont très sensibles. L'ozone résulte de la transformation de certains gaz, comme le dioxyde d'azote, sous l'effet des rayonnements ultraviolets du soleil. Il est très présent, en été, quand la chaleur et le soleil sont au rendez-vous. Les asthmatiques, les personnes âgées et les enfants y sont très sensibles. Il occasionne aussi des maux de tête et des conjonctivites. Les particules en suspension proviennent des fumées de moteur, des rejets industriels ou du macadam. Les plus fines, épaisses de quelques micromètres et rejetées par les diesels, pourraient être cancérigènes. Enfin, dernier polluant du musée des horreurs, le dioxyde de soufre est heureusement en voie de raréfaction. Il résulte de la combustion du fioul, du charbon, du gazole et provoque des toux et des bronchites.

Pourquoi les **glaçons collent**-ils aux doigts ?

Parce qu'au contact de la glace, l'humidité et la sueur de notre épiderme gèlent superficiellement sous l'effet du froid. De petites molécules de glace apparaissent dans les pores et se lient chimiquement avec le glaçon. En général, la chaleur des doigts finit par faire fondre la glace, mais si le bloc de glace est très gros, il peut tout à fait arracher l'épiderme.

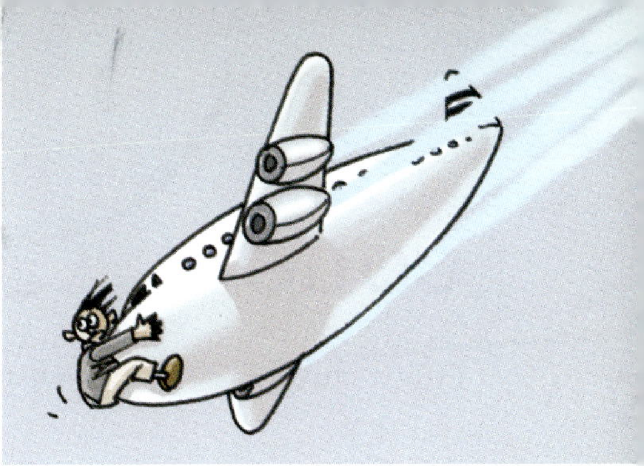

Quelle est la **place** la plus **sûre** dans un **avion** ?

Le Bureau d'enquête sur les accidents de la Sécurité civile française prétend que toutes les places sont équivalentes. Pourtant, les boîtes noires sont toujours placées à l'arrière des appareils : c'est, selon les constructeurs, la partie qui subirait le moins de dégâts en cas de crash. Des études réalisées par la Royal Air Force (Grande-Bretagne) prouvent également que les quelques sièges placés en sens inverse de la marche sont plus sûrs : ils absorbent mieux l'énergie du choc. En conclusion, on pourrait en déduire que les places situées à l'arrière et à « contresens » sont les moins dangereuses. Moins dangereuses peut-être, mais plus inconfortables sans aucun doute : c'est au niveau de la queue de l'avion que l'on subit le plus les turbulences !

Où va le **feu** lorsqu'il s'**éteint** ?

46

La flamme de la bougie qui s'éteint à Paris peut se retrouver cinq ans plus tard, à Pékin, sous forme... d'atomes de carbone. Cette flamme est le résultat d'une série de réactions chimiques qui consument la cire de la bougie, formée elle-même de molécules à base d'hydrogène et de carbone. Ces molécules se retrouvent dans l'atmosphère, certaines s'y transforment, toutes finissent par se redéposer à la surface de la Terre. L'une d'entre elles, le gaz carbonique, peut voyager plusieurs années, au gré des vents. C'est ainsi que la flamme de la bougie qui s'est éteinte à Paris, il y a cinq ans, peut aujourd'hui se retrouver, en partie, dans un bol de soupe ingurgité par un Chinois à Pékin.

Pourquoi les **clémentines** n'ont-elles **pas** de **pépins** ?

Parce que ce sont des agrumes trisomiques. Les chercheurs ont constaté que les agrumes, oranges, citrons ou pamplemousses, pourvus de trois lots de chromosomes, et non de deux, n'avaient pas de pépins. C'est justement le cas des clémentines ! Et cette particularité leur vaut un grand succès puisqu'elles ont détrôné les mandarines. La clémentine, aux trois lots de chromosomes, est un croisement entre une mandarine et une orange, créé en 1902 en Allemagne par un ecclésiastique, le père Clément. D'où son nom.

Pourquoi le **café** **coule**-t-il le long du bec de la **cafetière** ?

49

Ce petit désagrément provient d'une différence de vitesse d'écoulement entre les deux bords du filet de café. Le bord supérieur, exposé à l'air libre, coule moins vite que le bord inférieur, celui qui glisse le long du bec. Cette légère différence de vitesse provoque une dépression entre le liquide et le bec de la cafetière. Cette dépression plaque le filet de café contre la cafetière.

À quoi sert le **tri** sélectif des **ordures** ?

Essentiellement au recyclage, c'est-à-dire à la réutilisation de nos déchets. Les déchets organiques, comme les épluchures et les reliefs alimentaires, sont récupérés et transformés en compost pour le jardinage. On recycle environ 10 % de ce type d'ordures. Quant aux bouteilles en verre, aujourd'hui, une sur deux est fabriquée avec du verre recyclé. Mais les produits les plus efficacement recyclés sont les batteries de voitures et les huiles usagées : 80 % sont récupérées ! Le reste de nos ordures part en fumée dans des incinérateurs géants. Mais le bilan du recyclage est très contesté : il semblerait que l'on dépense autant d'énergie et de matières premières que si l'on enfouissait directement les ordures.

Est-ce que les **éruptions** volcaniques **réchauffent l'atmosphère** ?

Non, elles la refroidissent. La lave et les millions de tonnes de poussière rejetées par un volcan sont certes plus chaudes que l'atmosphère, mais ce n'est pas le phénomène prépondérant lors d'une éruption. En fait, les poussières, qui restent des années en suspension dans l'atmosphère, font écran au soleil et les températures baissent.

Pourquoi le **miel** se **tortille**-t-il en **coulant** ?

Si le miel n'était pas visqueux, il ne ferait pas de tortillons. La viscosité est une force qui empêche les molécules de bouger. Elle intervient dès que la main qui verse le miel bouge, même de façon imperceptible. Au moindre mouvement, la viscosité se met en action pour en quelque sorte «compenser» et éviter aux molécules de se mouvoir les unes par rapport aux autres. De verticale, la chute du miel devient alors oblique, le filet se met en vrille, il fait des plis, des ronds et coule parfois... à côté de la tartine.

Pourquoi
un **steak grillé**
et un **pot-au-feu**
n'ont pas le
même goût alors
qu'il s'agit **toujours**
de viande de **bœuf** ?

C'est la cuisson qui fait toute la différence. La température et aussi le bain de cuisson entraînent des réactions chimiques différentes. Les molécules qui composent la viande vont se combiner ou se détruire selon le mode de cuisson, et le goût ne sera pas le même. Une viande longuement bouillie va perdre un de ses composants, le collagène. Elle sera tendre, mais perdra dans le bouillon la plupart des substances qui lui confèrent sa saveur. Une viande grillée à plus de 180 °C va subir, en surface, une réaction de Maillard. Les molécules d'eau sont éliminées, les protéines et glucides se lient, donnant naissance à des molécules aromatiques très savoureuses. Attention, si la température dépasse 300 °C, les protéines, les lipides et les glucides se combinent également, mais engendrent alors des molécules toxiques et cancérigènes ! Il ne faut jamais mettre un morceau de viande directement au contact des flammes.

Pourquoi le **filet** d'eau du robinet **rétrécit**-il ?

C'est à cause de la force de gravitation. Comme tout corps qui tombe, l'eau augmente sa vitesse au fur et à mesure de sa chute. Le filet d'eau s'accélère, s'étire et rétrécit, un peu comme si l'on tendait un élastique.

Pourquoi un **poulet** cuit-il **plus vite** à la **broche** qu'au **four** ?

Parce que le métal est plus conducteur de la chaleur que la chair du poulet. Un poulet posé dans un plat au four ne cuit que de l'extérieur. S'il est embroché, il est aussi chauffé par la broche qui le traverse de part en part : il cuit donc de l'extérieur et de l'intérieur.

Les **éponges** sont-elles **vraiment** en **éponge** ?

Malheureusement, de moins en moins. Depuis 1987, une maladie, peut-être liée au réchauffement des eaux, a fait chuter la production des éponges naturelles de 40 %. Les vraies éponges sont pêchées en mer. Ce sont des squelettes d'animaux appelés spongiaires, elles sont très résistantes et très absorbantes. Les peintres préfèrent ces éponges animales, car la peinture ou l'eau contenue dans une éponge naturelle ne coule pas. La plupart des éponges du commerce sont d'origine végétale. On les fabrique avec de la cellulose de bois, des fibres de coton et de lin passées au four.

Y a-t-il **plus** d'**hommes** que de **femmes** sur Terre ?

59

Difficile d'apporter une réponse définitive, car, dans beaucoup de pays du tiers-monde, les femmes ne sont pas toutes recensées. Cependant, on est sûr de deux choses. Le déficit des naissances féminines est propre à l'espèce humaine : pour 100 naissances de filles, il y a 105 naissances de garçons. On sait également que, dans les pays riches, les femmes sont plus nombreuses car leur espérance de vie est plus grande.

Pourquoi la **pluie** fait-elle des **zigzags** le long des **vitres** ?

Pour les mêmes raisons qui poussent les longs fleuves tranquilles à suivre des méandres : l'eau est l'ennemie de l'effort. Les gouttes de pluie empruntent le chemin de moindre résistance. Attirée vers le sol par la force de gravitation, la goutte d'eau coulerait verticalement le long d'une vitre si celle-ci était rigoureusement plane, ce qui n'est jamais le cas. À l'échelle d'une goutte d'eau, la surface du verre présente des bosses, des creux, des rayures. De plus, l'eau doit contourner certains obstacles, des poussières, des zones plus ou moins rugueuses ou grasses. Elle est aussi plaquée contre le verre par des forces électrostatiques qui varient en intensité. En fait, si les trajectoires des gouttes d'eau sur une fenêtre nous paraissent aléatoires, elles ne le sont pas du tout : elles empruntent la voie où les forces qui les retiennent sont les plus faibles.

L'eau d'un **lavabo** qui se vide **tourne**-t-elle **toujours** dans le **sens** des aiguilles d'une montre ?

Pas toujours ! Elle tourne dans ce sens dans l'hémisphère Nord, mais dans le sens inverse dans l'hémisphère Sud. On constate le même phénomène sur les cartes météorologiques : les masses d'air s'enroulent vers la droite au nord de l'équateur et vers la gauche au sud. Tous ces fluides sont soumis à une force, découverte par le mathématicien français Gustave Coriolis au XIXe siècle, laquelle est la conséquence de la rotation de la Terre.

Y a-t-il de la **cocaïne** dans les **Cola** ?

Pas la moindre trace. Mais ce ne fut pas toujours le cas ! Quand le pharmacien John Smith Pemberton inventa ce soda en 1885, la cocaïne était très populaire auprès du public et des médecins. On en consommait à tour de bras, dans le vin, dans les régimes alimentaires des athlètes, aux États-Unis aussi bien qu'en France. Elle disparut de la composition du Coca en 1906 : les médecins ayant fini par s'apercevoir de ses effets nocifs.

Combien de **temps** peut-on **garder** une boîte de **conserve** ?

Une boîte stérilisée à la chaleur en milieu clos peut se conserver très longtemps. Des études ont démontré que les aliments gardaient leurs vertus nutritionnelles même dix ans après la mise en boîte. Cependant, une loi oblige les fabricants à inscrire une date limite de consommation. Mieux vaut s'y tenir. Il est fortement déconseillé de consommer une boîte rouillée, bosselée ou gonflée… Gare à l'intoxication alimentaire !

Est-ce que la quantité de **mousse** de savon est en **rapport** avec la propreté ?

Oui. Plus ça mousse, mieux ça lave ! La mousse résulte de la combinaison de l'air avec un mélange d'acides gras contenus dans le savon. D'un côté, les molécules du savon se lient aux molécules d'eau, de l'autre, ils se collent aux molécules de graisse et de saleté de la peau. Un véritable ballet qui dissout la saleté.

Pourquoi certains **lacs** sont-ils **salés** ?

Si un lac contient plus de 25 grammes de sel par litre, il est salé. À titre de comparaison, la mer en contient entre 35 et 42. Mais il existe des lacs dits hypersalés qui dépassent la dose de 50 grammes de sel par litre. Le record est détenu par le lac Patience au Canada avec 443 grammes par litre. Ces lacs appartiennent à deux grandes familles. Premièrement : les lacs fermés qui n'évacuent pas leurs eaux et dont le fond est saturé de sel. L'eau qui s'y déverse stagne et l'évaporation augmente la teneur en sel. Deuxièmement, les vestiges de mers ou d'océans : dans cette catégorie, on trouve des lacs comme celui de Tibériade ou la mer Morte qui sont des bouts d'océan Indien piégés par un mouvement de l'écorce terrestre.

D'où vient l'énergie nucléaire ?

Cette énergie est produite à partir du minerai d'uranium extrait de mines présentes dans de nombreux pays. Une partie de ces atomes d'uranium ont la propriété de se casser en deux, une réaction qui dégage beaucoup de chaleur. On introduit cet uranium dans une sorte de coffre étanche, le réacteur, où on le bombarde de neutrons. Ceci provoque une réaction en chaîne parmi les atomes d'uranium. Ils se cassent, ce qui dégage une quantité de chaleur énorme ! En effet, un gramme d'uranium dégage autant de chaleur que la combustion de 2 tonnes de charbon.

Comment **fonctionne** une centrale **nucléaire** ?

L'incroyable dégagement de chaleur engendré par l'énergie atomique est tout simplement utilisé pour transformer de l'eau en vapeur sous pression. C'est cette vapeur qui fera tourner des turbines, permettant la production d'électricité. Malheureusement, quand un atome éclate, il libère également des rayons mortels. C'est ce que l'on appelle la radioactivité, très dangereuse, voire mortelle, pour l'homme qui y est exposé trop longtemps. Les centrales sont évidemment conçues pour qu'aucun rayonnement ne s'échappe dans la nature, de même qu'elles sont normalement capables de résister aux catastrophes naturelles.

De **quoi** sont **faits** les **nuages** ?

Contrairement aux apparences, les nuages ne sont pas constitués de vapeur d'eau, mais de très fines particules d'eau et de glace. Celles-ci résultent de l'évaporation de l'eau que l'on trouve à la surface de la terre et des océans. Une fois évaporée, elle monte dans l'atmosphère sous forme de vapeur, rencontre l'air plus froid qui règne en altitude et se condense alors pour former les nuages. Lorsque ceux-ci sont trop lourds, il pleut.

Peut-on **toujours** laisser sa télé **en veille** ?

S'il n'existe aucun risque d'usure puisque seul le voyant qui capte les infrarouges de la télécommande est allumé, la consommation d'électricité est réelle. En moyenne, ce voyant consomme 10 watts par heure contre 80 pour un poste allumé. En l'éteignant systématiquement, les Français, qui regardent la télévision trois heures par jour, économiseraient 15 euros par an.

Comment **fabriquer** de la **pâte à modeler** ?

Elle se compose de substances alimentaires, comme la farine, l'amidon ou la fécule de pomme de terre, de polymères, de matières plastiques qui lui confèrent sa souplesse, de minéraux de type argile ou craie et enfin de colorants.

Quel est le **secret** des **Thermolactyl** ?

Il réside dans les fibres dont ils sont constitués. Elles transfèrent l'humidité du corps vers l'air ambiant. Un Thermolactyl mouillé retrouve son poids sec en quarante minutes. Un vêtement en polyamide, soumis aux mêmes conditions, mettra trois heures à sécher, tandis qu'il en faudra six pour le coton. De plus, les fibres des Thermolactyl sont d'excellents isolants : grâce à leur structure frisée, elles emprisonnent une mince couche d'air qui empêche la déperdition de chaleur. Ce procédé leur permet d'isoler notre corps du froid trois fois mieux que le coton et aussi bien que la laine.

Pourquoi le **soleil** **brille**-t-il ?

Le soleil est l'astre le plus proche de nous. C'est, en fait, une gigantesque boule de gaz (qui pourrait contenir un million de Terres...), une incroyable fournaise. À sa surface, relativement « froide », il fait 6 000 °C ! Mais les scientifiques ont calculé que son cœur était à plus de 15 millions de degrés Celsius. C'est une chaudière, un véritable réacteur nucléaire alimenté par des milliards de tonnes d'hydrogène, qui projette dans l'espace des bulles de matière à plusieurs centaines de milliers de kilomètres. Sa luminosité est telle qu'il est impossible et même dangereux de le regarder en face. Mais le soleil est appelé à disparaître un jour, heureusement lointain, et la Terre disparaîtra avec lui.

Qui a **inventé** la **brosse à dents** ?

Les Chinois utilisaient la brosse à dents au XVe siècle. En Europe, les aristocrates anglais l'adoptèrent au XVIIe siècle. Pendant ce temps, les Français faisaient des bains de bouche à la cannelle, histoire de ne avoir pas trop mauvaise haleine. C'est Pasteur qui imposa son usage au XIXe siècle, en vantant ses mérites dans des traités d'hygiène.

Qu'est-ce que le **mur du son** ?

Lorsqu'un avion vole dans l'atmosphère, on l'entend car il fait vibrer l'air. Cet air fait à son tour vibrer nos tympans, c'est comme cela que nous percevons le bruit de l'avion. Si celui-ci vole à moins de 1235 kilomètres à l'heure, nous l'entendons avant de le voir, il est dit subsonique. Mais s'il dépasse cette vitesse, nous le voyons bien avant de l'entendre. Pourquoi ? Parce qu'il vole plus vite que le son qui se propage à 340 mètres par seconde, c'est-à-dire à 1235 kilomètres à l'heure. Lorsque l'avion, un supersonique, atteint cette vitesse, il franchit comme un mur qui lui offre une faible résistance et on entend une double explosion. C'est le fameux mur du son. Il a été franchi pour la première fois, en 1947, par l'Américain Chuck Yeager.

Comment un **thermomètre** nous donne-t-il la bonne **température** ?

Les plus vieux thermomètres remontent au XVIIe siècle. Depuis, nous les avons beaucoup améliorés, mais le principe reste exactement le même. C'est la dilatation des corps en fonction de la chaleur qui fait monter ou descendre le liquide dans le tube du thermomètre.

Quand la température est basse, le liquide, mercure ou alcool, se contracte, il prend moins de place et donc son niveau baisse. Au contraire, si la température s'élève, il se dilate et le liquide remonte vers le haut du thermomètre.

Le long du tube, on a placé des graduations, les degrés. Le 0 indique la température à laquelle l'eau gèle. En dessous de 0, les températures sont indiquées en négatif, -1, -2... et au-dessus de 0 en positif, 1, 2... Grâce aux thermomètres, on mesure aussi bien la température qu'il fait dans notre maison que dans notre corps.

Comment **fonctionne** une **pile** électrique ?

Dans la plupart des piles électriques, il y a trois sortes de produits chimiques qui se présentent sous forme de pâte ou de gel. L'élément central, l'électrolyte, sert à faire réagir les deux autres placés en haut et en bas de la pile. En haut se trouve généralement le + du pôle positif, le corps chimique qui s'y trouve manque d'électrons. En bas se trouve le - qui, lui, a trop d'électrons. La pile fonctionne tant que la partie supérieure manque d'électrons et que la partie inférieure en a trop... Attention à ne pas jeter une pile usagée dans la poubelle, elle est très polluante.

Pourquoi se **voit**-on dans un **miroir** ?

Réfléchies par la surface lisse du miroir, les ondes lumineuses ne peuvent pas s'éparpiller. Si vous vous placez devant ce miroir, souvent formé d'une plaque de verre dont l'arrière est recouvert d'une fine couche argentée, les ondes vont de vous vers le miroir, puis reviennent. Vous pouvez contempler votre image qui se réfléchit dans le miroir. Celle-ci, vous l'avez remarqué, est simplement inversée car la réflexion est totale. Attention, il existe toutes sortes de miroirs. Selon leur forme, votre image sera plus grande, plus petite, plus grosse ou plus maigre et plus ou moins fidèle au modèle.

Certains **alcools** rendent-ils plus **malades** que d'autres ?

Oui, car certaines des conséquences de l'abus d'alcool ne sont pas dues à l'alcool lui-même, mais à ce qu'on appelle les « congénères ». Ces substances chimiques apparaissent au stade de la fermentation et sont responsables, en cas d'excès, de certains aspects de la « gueule de bois » : maux de tête, renvois acides, nausées, soif extrême…
Parmi les alcools riches en congénères figurent les vins cuits, le whisky et le cognac. Mais la palme de la nocivité revient au sauternes, au riesling et au xérès, des vins qui contiennent de la thyramine. Ce congénère peut déclencher des migraines effroyables.

Pourquoi les croissants ont-ils une forme de croissant ?

Pour célébrer la défaite turque à Vienne au XVIIe siècle. Pendant le siège de la capitale autrichienne, les boulangers de la ville entendirent l'armée ennemie creuser un tunnel pour entrer dans la ville. Ils donnèrent l'alerte et les assaillants furent repoussés. Pour se moquer des Turcs, le roi polonais Jean III Sobiesky commanda aux boulangers des viennoiseries ayant la forme de leur emblème : le croissant.

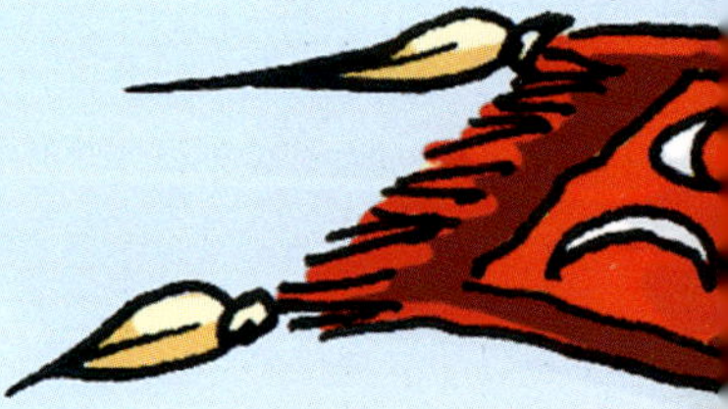

Le **sport** fait-il **maigrir** ?

Disons qu'il empêche de grossir. En pratiquant une activité physique, on élimine surtout de la sueur, c'est-à-dire de l'eau. Pour éliminer un kilo de cellules graisseuses, il faut dépenser 9 000 calories, soit l'équivalent de 42 heures de marche ou de 5 heures de jogging ! En revanche, la pratique régulière d'un sport aide à stabiliser son poids. Elle favorise les réactions chimiques. En particulier, elle maintient le cholestérol et l'insuline à des taux relativement bas.

Y a-t-il un **rapport** entre **tatouage** et **tatou** ?

Le tatou, petit mammifère d'Amérique, n'a rien à voir avec la pratique du tatouage qui remonte à des milliers d'années. Ce sont les marins anglais de l'équipage du capitaine Cook qui ont, les premiers, baptisé cette coutume « tattow ». Ils avaient été impressionnés par les tatouages des tribus tahitiennes et ont anglicisé le mot polynésien « tatau » qui signifie frapper.

Comment se **transmet** un **son** ?

Air de musique, chant, grondement du tonnerre, quels que soient les sons, ils font tous vibrer les molécules d'air. Ces vibrations parviennent à nos tympans en se transmettant de molécule en molécule. Bien entendu, le son ne se transmet pas seulement dans l'air, il traverse aussi des murs, des tissus, de l'eau… Sa vitesse n'est pas la même selon la densité du matériau dans lequel il chemine. Si, dans l'air, il peut aller jusqu'à 340 mètres par seconde, dans l'eau, il dépasse les 1450 mètres par seconde.

Les **masques** anti-pollution des **cyclistes** et des **motards** sont-ils **efficaces** ?

Ils servent essentiellement à leur éviter d'inhaler les poussières en suspension dans l'air. Celles-ci sont émises par les moteurs de voiture, l'usure des pneus, des embrayages et des plaquettes de freins des voitures. En revanche, ils sont inefficaces contre l'ozone, les oxydes de soufre et l'ensemble des particules fines, tous ces polluants qui agressent nos bronches.

Pourquoi les **trains** **roulent**-ils à **gauche** ?

Les chemins de fer français se sont alignés sur leurs homologues britanniques qui avaient, au XIXe siècle, la suprématie dans ce domaine. La première voie ferrée, la ligne Paris-Rouen, fut inaugurée en 1843 grâce à des financiers, des techniciens et du matériel anglais. Mais le choix de circuler à gauche, en Angleterre, tire son origine d'une tradition équestre. Les cavaliers anglais, quand ils se croisaient, tenaient leur gauche pour éviter que leurs épées, accrochées à leur gauche, ne se touchent.

La **foudre** peut-elle frapper le **passager** d'une **voiture** ?

Il y a très peu de chances. La voiture constitue en effet une «cage de Faraday», c'est-à-dire un espace où l'électricité ne pénètre pas. Si un véhicule est frappé par la foudre, celle-ci choisit toujours le chemin le plus facile vers la terre. La carrosserie évacuera le courant vers la terre car le métal est conducteur, puis ce courant passera par les pneus qui ne sont pas très isolants. Les derniers modèles de voitures sont moins conducteurs parce qu'on utilise de plus en plus de matériaux comme la fibre de verre, le carbone ou le plastique. Pour autant, on ne recense pas plus de cas de foudroiement.

Pourquoi porte-t-on l'**alliance** à l'**annulaire** ?

Les Grecs pensaient que l'annulaire était directement relié au cœur par une veine. En y glissant une bague, on entourait ainsi symboliquement son cœur. Chez les chrétiens, cette tradition vient du symbolisme de la bénédiction. Le prêtre unit les époux en prononçant la bénédiction à l'aide des anneaux : au nom du père pour le pouce, du fils pour l'index, du Saint-Esprit pour le majeur et enfin, Amen pour l'annulaire.

!!
ORRRiiiNG

Pourquoi les **portables** sont-ils **interdits** dans les **avions** ?

Les téléphones portables, mais aussi les lecteurs CD, les jeux électroniques et les ordinateurs portables doivent être éteints pendant le décollage et l'atterrissage. Tous ces appareils sont des émetteurs-récepteurs et produisent des ondes qui perturbent les instruments de navigation des avions. Pendant le décollage et l'atterrissage, utiliser un téléphone portable peut être fatal : c'est, du reste, un acte passible d'une amende et d'une peine de prison. 95

Pourquoi mon poste de **radio** marche-t-il **mieux** quand je le **touche** ?

Comme n'importe quel objet conduisant l'électricité, le corps humain est une antenne. Il capte les ondes et les réfléchit vers le poste. Et même si on ne touche pas la radio, la seule présence d'un corps humain améliore la réception.

Pourquoi **flotte**-t-on **mieux** dans l'eau de **mer** ?

Parce que la densité de l'eau de mer est supérieure à celle de l'eau douce. La densité d'un corps est la masse d'un litre de ce corps. L'eau douce a une densité de 1 kilo par litre. L'eau de mer, à cause du sel qu'elle contient, a une densité de 1,085 kilo par litre : c'est pour cela qu'elle nous «porte» mieux que l'eau douce.

Pourquoi le **verre** se **casse**-t-il en mille **morceaux** ?

Le verre, contrairement à la craie, possède une structure très homogène, il manque totalement de souplesse. En cas de choc, il ne peut pas l'amortir et des fissures se propagent partout entre ses atomes : le verre se brise en mille morceaux. La craie, au contraire, possède une structure hétérogène, avec une multitude de micro-failles. Si on fait tomber un bâton de craie, l'onde de choc suit les points de plus grande faiblesse et la craie se brise net.

Que **contiennent** les **boîtes noires** d'un **avion** ?

Au nombre de deux, mais en fait de couleur orange pour être vues de loin, les boîtes noires enregistrent, en boucle, les trente dernières minutes de vol. Toutes les conversations de l'équipage, pour l'une, et toutes les données techniques, comme l'altitude ou la vitesse, pour l'autre. Très robustes, elles peuvent résister à une température de 1100 °C et supporter des accélérations mille fois supérieures à l'attraction terrestre.

Comment a été **choisi** le **positionnement** des **lettres** sur les **claviers** d'ordinateurs ?

La disposition des lettres (AZERTY ou QWERTY chez les Anglo-Saxons) a été définie, en 1867, quand Remington a commercialisé ses premiè-
100 res machines à écrire. On pourrait croire que les touches les plus utilisées auraient été placées en face des doigts les plus habiles : les voyelles, par exemple, en face des index. Pas du tout ! Le fabricant a choisi cette configuration pour que l'on frappe alternativement une touche située à gauche et une touche située à droite : on atténuait ainsi le risque d'enrayement des machines en évitant aux marteaux qui frappaient les lettres de se toucher et de se coincer.

Pourquoi y a-t-il **24 images** par **seconde** au **cinéma** ?

Parce que notre œil perçoit en une seconde un maximum de 18 images. Cette succession de 24 images au cinéma et de 25 images en télévision nous donne l'illusion du mouvement. Si l'on ne mettait que 18 images, nous aurions la sensation d'un film saccadé. En revanche, si l'on intercale une image différente au milieu d'une séquence, elle sera enregistrée dans notre cerveau, mais notre œil ne la percevra pas : c'est ce qu'on appelle une image subliminale.

Quels **dangers** représente l'**amiante** ?

L'inhalation de la poussière d'amiante peut provoquer des cancers du poumon, de la plèvre ou de l'abdomen, mais aussi des fibroses, pleurale ou pulmonaire, qui bloquent la diffusion de l'oxygène. L'apparition d'une de ces maladies peut intervenir, selon les cas observés, entre 10 et 55 ans après avoir été exposé à l'amiante pour la première fois.

Quelle **force** représente un **coup** de poing de **boxeur** ?

Les boxeurs professionnels peuvent expédier des coups à la vitesse de 40 km/h, ce qui représente, quand le poing touche sa cible, une énergie de 85 joules. À titre de comparaison, un doigt sur un clavier d'ordinateur exerce une pression de 0,1 joule et une gifle environ 5 joules.

Pourquoi faut-il **manger lentement** ?

Pour être en accord avec les réels besoins de son organisme, pour mieux apprécier la saveur des aliments, pour ne pas souffrir d'indigestion et afin que le sentiment de satiété soit satisfait. Si vous mangez trop vite, vous avez toutes les chances d'absorber trop d'aliments, alors que votre faim est déjà rassasiée. Un peu comme si vous continuiez à verser de l'essence dans un réservoir... déjà rempli ! Pour toutes ces raisons, il est capital de mastiquer lentement. La salivation, d'abord, permet une dégradation enzymatique des aliments, la mastication réduit les aliments en petites particules et facilite ensuite le travail de l'estomac qui va procéder à une attaque enzymatique de ces mêmes aliments. Ainsi, la digestion est facilitée.

!
TON

Un **ascenceur** peut-il **tomber** ?

La société Otis, premier fabricant mondial d'ascenseurs, possède une tour d'essais où l'on fait chuter les cabines de 40 mètres ! En fait, ce type d'accident est rarissime, il existe de toute façon un ensemble de dispositifs anti-chutes. Tous les ascenseurs sont équipés de limitateurs de vitesse, de freins de secours et d'un piston hydraulique situé en bas de la cage afin d'amortir le choc en cas de chute. Les câbles porteurs sont doublés ou triplés et systématiquement soulagés d'une partie de la charge de la cabine par des contrepoids. Mais la meilleure garantie de sûreté reste les systèmes de surveillance et de maintenance : ils répondent à des normes de sécurité extrêmement exigeantes.

Peut-on **manger** les **noyaux** des fruits sans **danger** ?

On recommande souvent de ne pas manger les noyaux des fruits et on a... raison ! En effet, outre le mauvais goût, ils renferment une toute petite quantité de cyanure… Ce poison très toxique a très mauvaise réputation et il la mérite. Il se fixe sur l'hémoglobine contenue dans notre sang et l'empêche de capter l'oxygène entraînant une asphyxie de notre cerveau et une mort rapide. Bien entendu, même si vous mangiez une grande quantité de noyaux de prunes ou d'abricots, cela ne vous tuerait pas. Ce n'est pas une raison pour vous bourrer de noyaux.

Qu'est-ce que le **rayon laser** ?

Constitué d'ondes lumineuses qui oscillent ensemble, le rayon laser (du nom de l'appareil qui le projette) est né en 1960. Son originalité repose sur le fait que, contrairement à la lumière dont les ondes se déplacent dans toutes les directions en même temps, les ondes du laser restent groupées et se déplacent en ligne droite. Elles vibrent en même temps et toutes à la même longueur d'onde. Grâce à cette propriété, ce rayon lumineux, très fin et très puissant, est capable de parcourir de très longues distances.

Pourquoi les **objets** ont-ils **tous** une **couleur** ?

Les objets ont une couleur lorsqu'ils sont éclairés par de la lumière, blanche ou colorée. La lumière blanche est, en fait, un mélange de lumières colorées. Dans un arc-en-ciel, on voit bien les sept couleurs qui la composent : rouge, orange, jaune, bleu, vert, violet et indigo. Les objets réfléchissent une partie de la lumière blanche. C'est cette partie qui leur donne leur couleur. Une tomate est rouge car elle absorbe toutes les couleurs, sauf le rouge qu'elle réfléchit. Quant à la neige, elle est blanche car elle renvoie toutes les couleurs.

Pourquoi les **pièces** de monnaie sont-elles **rondes** ?

Cette forme mathématique parfaite a été choisie pour la première fois par Crésus, le roi de Lydie (située dans l'actuelle Turquie) au VIe siècle avant Jésus-Christ. Le fait que les sceaux et autres médailles étaient ronds a peut-être influencé ce choix. Les pièces de cette forme sont également plus difficiles à limer sur les côtés, alors que les polygones peuvent l'être plus discrètement dans le but de récupérer du métal et fabriquer, entre autres, de la fausse monnaie.

Comment se forment les **trous** de l'**emmenthal** ?

Pendant la fermentation de la pâte, la chaleur et l'acide lactique stimulent des bactéries : les bactéries propioniques. Ces dernières produisent du gaz carbonique, environ 150 litres par meule. La pâte qui est en voie de consolidation empêche le gaz de s'échapper. Les bulles se retrouvent piégées et forment ces trous sphériques et lisses.

De quoi est fait le **brouillard** ?

Le brouillard est un aérosol. Un mélange de particules, liquides ou solides, et de gaz. De microscopiques gouttelettes d'eau sont suspendues dans l'air. Les nuages polluants, que l'on appelle pluies acides, constituent aussi des aérosols, des particules d'acide sulfurique étant en suspension dans l'atmosphère.

Qui a **inventé** les **lunettes** ?

Anglais et Italiens s'en disputent la paternité. Les premiers prétendent que Roger Bacon, un moine anglais, aurait fabriqué la première paire en prison vers 1280. Ces lunettes auraient ensuite atterri chez Giordano Rivalta, un moine de la ville italienne de Pise, qui les aurait popularisées. Mais pour les Italiens, l'incontestable inventeur est le physicien florentin Salvino Degli Armati qui mit au point deux verres grossissants en 1280. Il s'agit, dans les deux cas, de verres correcteurs de presbytie, les verres concaves pour myopes apparurent à la fin du XVe siècle. Quant aux branches, elles furent inventées en 1746.

Est-ce que l'**air climatisé** peut provoquer des **maladies** ?

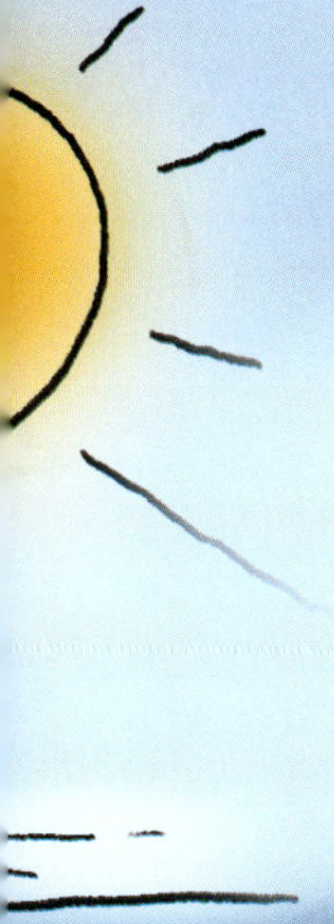

Si la climatisation laisse dehors la pollution et une grande quantité d'acariens et de pollens, elle ne filtre pas tout. Des bactéries, des champignons microscopiques passent à travers les filtres et s'attaquent à nos bronches. Comme les fenêtres d'une pièce climatisée doivent être fermées, de tels micro-organismes prolifèrent. En 1976, à Philadelphie, une bactérie infiltrée dans le système d'air conditionné a causé la mort de 34 personnes. Éviter de tels drames est une simple affaire d'hygiène : il suffit de désinfecter régulièrement les tours de refroidissement et les bacs de condensation. La climatisation peut également provoquer des conjonctivites et des migraines car elle assèche l'atmosphère. En revanche, elle ne favorise pas les rhumes ou la grippe, contrairement aux idées reçues.

118

Pourquoi le **chocolat** blanc est-il **blanc** ?

Tout commence avec la fève de cacao. En travaillant cette fève, on obtient deux produits : le beurre, qui est une graisse végétale incolore, et la poudre d'une belle couleur sombre. En mélangeant du sucre avec de la poudre, on fabrique du chocolat noir. En mélangeant du sucre et du beurre de cacao, on obtient du chocolat blanc.

Pourquoi la **chaleur** nous **ramollit**-elle ?

Il faut savoir que le simple fait de respirer ou de digérer nous coûte de l'énergie. Cette énergie, nous la dégageons sous forme de calories, de transpiration. Si nous ne la dégagions pas, notre corps serait en surchauffe. Quand nous faisons un effort musculaire, le quart de notre énergie est utilisé pour le mouvement, le reste pour nous refroidir. Dans ces conditions, courir dans la chaleur est un vrai dilemme pour notre organisme : il doit évacuer dix fois plus de chaleur qu'au repos, mais la course mobilise le quart de son énergie... Il doit alors choisir entre se refroidir ou bouger.

Pourquoi les **personnes âgées** sont-elles plus **sensibles** que les autres à la **chaleur** ?

120

Parce qu'elles ne transpirent pas assez. Alors qu'un dixième de degré d'écart de température corporelle suffit à faire transpirer un adulte, les personnes âgées peuvent voir monter leur température corporelle jusqu'à 40 °C sans verser une goutte de sueur. Or, au-delà de 40 °C, des lésions irréversibles touchent le cerveau. Elles sont mortelles dans un cas sur deux. Voilà pourquoi, chaque année, la canicule fait des dizaines de victimes chez les plus de 60 ans.

Pourquoi le temps **orageux** **énerve**-t-il ?

En dehors de la peur liée à l'orage, ce type de temps a une influence physiologique. Dans une atmosphère saturée d'humidité, la sueur que nous produisons s'évacue plus difficilement et nous nous sentons mal.

Pourquoi, **malgré** les **fortes chaleurs**, les Touaregs boivent-ils du **thé brûlant** ?

Pour se désaltérer. En buvant de l'eau fraîche, la sensation de soif disparaît très vite. C'est une illusion et les hommes du désert savent bien que la soif n'est pas proportionnelle à notre état de déshydratation. En buvant du thé bouillant, la soif disparaîtra moins vite et le déficit hydrique sera mieux comblé. Il faut se rendre compte qu'une personne courant dans le désert peut perdre jusqu'à 20 litres de sueur par 24 heures. De plus, les microbes ne survivent pas dans une eau à 100 °C, c'est le meilleur moyen pour les liquider ! 123

Pourquoi la **glace flotte**-t-elle dans l'**eau** ?

Grâce à une particularité unique de l'eau : c'est la seule matière qui augmente de volume en passant de l'état liquide à l'état solide. Cette propriété donne une densité moindre à la glace : elle flotte. Quand la glace se forme, les atomes d'oxygène augmentent leurs liaisons avec d'autres atomes d'hydrogène en développant un réseau géométrique. Ce mécano géant occupe beaucoup plus de place que l'eau à l'état liquide ou les molécules s'agglutinent les unes à côté des autres comme des billes dans une boîte.

Quelle est la **viande** la plus **mangée** dans le **monde** ?

En 1987, l'ethnologue américain Abrams a répertorié les espèces animales consommées par 383 civilisations. En tête arrive le poulet, dont la chair et les œufs sont mangés par 363 civilisations. Ensuite, on trouve dans un ordre décroissant : les bovins 196, le cochon 180, le poisson 159, le mouton 108, le canard 67, la tortue 46, le zébu 43, le chien et le rat ferment la marche avec 42 civilisations.

Pourquoi je **vois mieux** avec mes **lunettes** ?

C'est justement pour compenser ton défaut de vision qu'elles ont été inventées. Normalement, ta cornée et ton cristallin sont traversés par la lumière qu'ils concentrent. L'image qu'ils produisent est parfaitement nette. Dans le cas où ton cristallin présente un défaut, l'image nette se forme devant ou derrière la cornée. Les lunettes interviennent pour replacer cette image exactement au bon endroit de ton œil. En compensant ton défaut, elles t'offrent une vision presque aussi nette que celle proposée par des yeux parfaits.

Qu'y a-t-il **dans** l'**air** que je **respire** ?

L'air est partout ou presque, sur et autour de notre planète. Il entoure la Terre d'une couche protectrice qui lui évite de subir les attaques du rayonnement solaire et permet la vie. Cette couche d'air, véritable cotte de mailles de notre planète, mesure de 50 à 100 kilomètres d'épaisseur. Formé de gaz invisibles et inodores, l'air est composé avant tout d'azote (78 %), d'oxygène (21 %) et d'argon (1 %), un gaz rare inerte employé dans les ampoules électriques. Sans cet air qui peut contenir également de la vapeur d'eau (au maximum 1 %), impossible pour nous de respirer. Mais cet air contient également beaucoup d'autres gaz comme le gaz carbonique, indispensable à la vie des plantes.

Quel est l'animal sauvage le plus répandu en France ?

Personne ne s'est encore lancé dans le recensement des 39 000 espèces d'insectes et des 600 espèces de vertébrés vivant en France. Pourtant nos connaissances sur l'habitat, la reproduction et certaines données statistiques permettent d'établir une estimation approximative surprenante.

En tête, les vers de terre : à raison de 10 individus par mètre carré de pelouse en ville et de 150

en forêt, ils seraient 55 000 milliards. En seconde position arrivent les abeilles, au nombre de 82 milliards, suivies par les mouches avec 30 milliards. Côté vertébrés, la grenouille gagne haut la main, si l'on peut dire, avec 900 millions d'individus. Suivent dans l'ordre : la poule 220 millions, la truite 120 millions, la chauve-souris 18 millions, le moineau 10 millions, le hérisson 2,8 millions...

132

Les **CD** sont-ils **inusables** ?

Nos CD communs ont une durée de vie moyenne de 50 ans. Le vernis protecteur à travers lequel le rayon laser lit les informations peut être endommagé par la chaleur, les rayons ultraviolets et des rayures. Cependant, il existe des CD dont la durée de vie est estimée à plusieurs siècles. Mais ils sont en verre trempé et leur coût est exorbitant.

Comment **fonctionnent** les téléphones **portables** ?

La dernière génération de portables, dite numérique, transforme la voix en une suite de 0 et de 1. Puis ces données sont transmises par ondes radio à l'antenne-relais la plus proche. Celle-ci envoie alors un signal électrique à un interrupteur électronique. C'est lui qui dirige alors les appels soit sur le réseau classique si vous appelez un téléphone filaire, soit vers l'antenne-relais la plus proche de votre correspondant si vous appelez son portable.

134 D'où vient le **gant de toilette** ?

C'est un voyageur français du nom de Jalla qui l'a découvert dans un hammam turc en 1872. À son retour, il s'est lancé dans la fabrication de gants et de serviettes-éponges. Les Français sont, du reste, les seuls Européens à apprécier le gant de toilette. Les Espagnols et les Italiens lui préfèrent une véritable éponge, les Anglais et les Suisses un carré de tissu.

Comment fonctionne une **ampoule** électrique ?

Quand le courant électrique passe dans l'ampoule, il doit traverser un fil de métal extrêmement fin. Celui-ci, chauffé jusqu'à une température de 2500 °C, devient incandescent et émet alors une lumière très forte, celle qui vous permet de lire le soir par exemple.

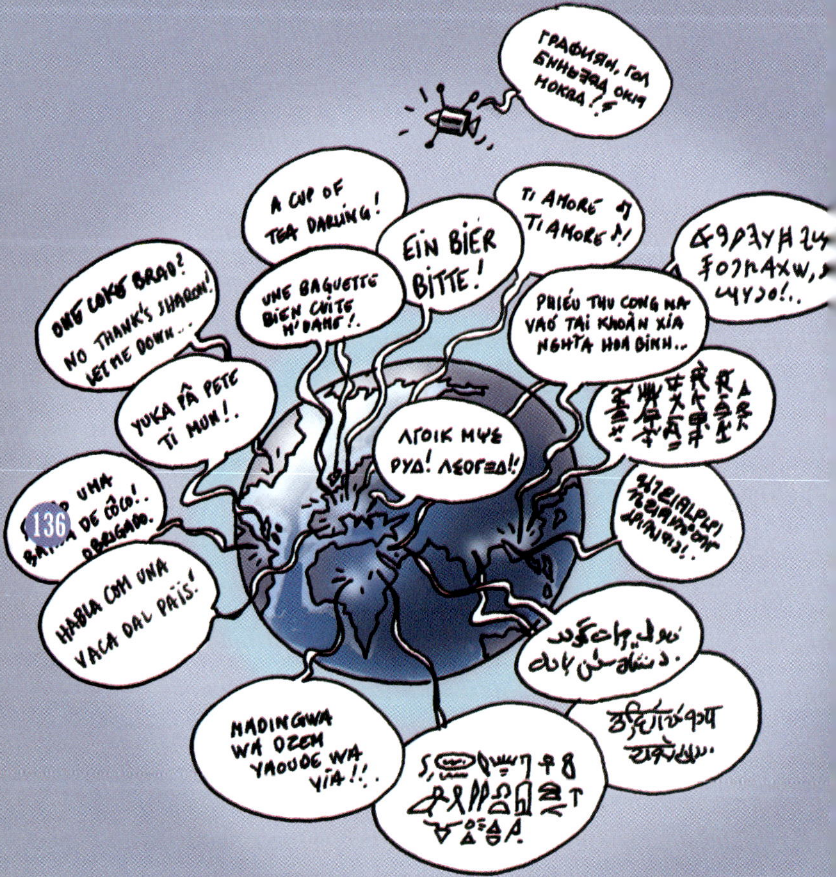
A CUP OF TEA DARLING!
EIN BIER BITTE!
TI AMORÉ TI AMORÉ!
ONE COKE BRAD? NO THANK'S SHARON! LET ME DOWN...
UNE BAGUETTE BIEN CUITE M'DAME!.
PHIÉU THU CONG NA VAÓ TAI KHOẢN XÍA NGHTA HOA BÌNH..
YUKA PÂ PETE TI MUN!.
UMA BA DE CÔCO!.. OBRIGADO.
HABLA COM UNA VACA DAL PAÍS!
MADINGWA WA OZEM YAOUDE WA YĨA!!.

Combien y a-t-il de **langues** différentes dans le **monde** ?

Difficile de répondre à cette question tant les langues sont nombreuses sur notre planète. L'Afrique, par exemple, compte à elle seule plusieurs milliers de langues parlées dans les 52 pays qui la composent. Au Nigeria, on dénombre pas moins de 470 langues pour 100 millions d'habitants. Généralement, les langues sont classées par familles. Le français, par exemple, fait partie de la famille indo-européenne dans laquelle on retrouve l'anglais ou l'espagnol, mais également le russe. Sans compter les langues régionales et les innombrables dialectes, plus de 5 000 langues sont parlées par les hommes. Près de 500 millions d'entre eux parlent l'anglais, 225 millions l'arabe, 185 millions le portugais et 125 millions le français. Bien sûr, tout ceci est très loin du chinois que partagent plus d'un milliard deux cents millions de personnes.

Qu'est-ce qu'on appelle **atome** ?

Invisible à l'œil nu, l'atome ne mesure qu'un cent millionième de millimètre seulement. Tout corps, vivant ou non, est composé d'une multitude d'atomes. Ceux-ci sont eux-mêmes constitués d'un noyau autour duquel tournent un ou plusieurs électrons. Le noyau, 10 000 fois plus petit que l'atome, est formé lui aussi de particules, les protons et les neutrons. Pour observer les atomes, il faut utiliser des microscopes spéciaux, appelés «microscopes à effet tunnel». Ils sont capables de grossir des centaines de millions de fois.

D'où vient le **nom** des **baleines** utilisées pour les **parapluies** ?

Avant le plastique ou l'acier, on utilisait, jusque dans les années cinquante, des fanons de baleine pour tendre la toile des parapluies. Ces fanons sont des lames cornées avec lesquelles les baleines retiennent les petits poissons dont elles se nourrissent. En moyenne, un squelette de baleine fournissait 300 fanons longs de 3 à 4 mètres : de quoi fabriquer, à raison de huit baleines par parapluie, un grand nombre de ces objets si utiles.

Pourquoi les **sous-bocks collent**-ils aux pieds des **verres** ?

Quand on pose un verre mouillé sur un sous-bock, les fibres de ce dernier absorbent l'eau par capillarité. Cette absorption a pour conséquence de créer un vide entre le sous-bock et le pied du verre, car l'eau absorbée n'est pas remplacée. C'est alors la pression atmosphérique extérieure qui plaque le sous-bock contre le verre.

Quels sont les **insectes comestibles** ?

La plupart ! Le plus prisé est probablement le cafard puisqu'il entre dans l'alimentation des Chinois, des Thaïlandais et des Aborigènes d'Australie. La tarentule, énorme araignée velue qui n'est donc pas un insecte, se déguste grillée en Amérique du Sud. En Indonésie, sur l'île de Bali, le plat national est le riz à la noix de coco et aux libellules. Quant au criquet grillé et son filet de citron, il régale les Mexicains. Tous ces délicieux mets exotiques ont des vertus nutritives certaines. Un Péruvien, par exemple, se damnerait pour une belle assiette de larves d'insectes bien grasses. À raison : elles contiennent plus de protéines que le poulet. Et sont garanties sans farines animales ! Bon appétit !

D'**où** vient le **ketchup** ?

De Chine. Au XVIIIe siècle, des Anglais rapportèrent d'Orient des tonnelets de sauce relevée que les Chinois appelaient «Ke Tsiap». Trop piquante à leur goût, ils lui ajoutèrent de la tomate et du sucre : le tomato ketchup était né. Il allait conquérir l'Amérique et le monde. Un autre aliment, populaire dans le monde entier, a été rapporté de Chine en 1300 par le commerçant vénitien Marco Polo : les pâtes.

Pourquoi ne pas **recongeler** un produit **décongelé** ?

Parce qu'il deviendrait un véritable nid de bactéries très dangereuses pour notre santé. Quand on décongèle un aliment, se libère un jus organique où prolifèrent les bactéries. Après trois heures à température ambiante, ces vilaines bestioles peuvent passer de 1000 à 64000 individus par gramme de nourriture. Même en cuisant ce produit décongelé, il subsistera un certain nombre de germes. Si on le recongèle, pendant la seconde décongélation, la quantité de bactéries atteindra un nombre astronomique.

C'est quoi un **renforçateur** de **goût** ?

Ce sont des additifs alimentaires employés dans les plats cuisinés, les soupes en sachet... On les produit en faisant fermenter des betteraves, du manioc ou de la canne à sucre. En fait, ils ne renforcent en rien le goût des aliments, mais leur apportent un goût propre appelé «umami», mot japonais qui signifie «essence de goût». On trouve cette saveur dans des aliments aussi différents que la tomate, le parmesan, le comté ou la sauce Worcestershire.

D'où viennent les **pointures** de **chaussures** ?

Et pourquoi un 40 ne correspond-il pas à une longueur de pied de 40 centimètres ? Rien de logique dans cette mesure, une fois de plus, c'est l'histoire des techniques et des découvertes qui nous fournit l'explication. Les pointures correspondent à une unité de mesure utilisée au Moyen Âge : le point français ou point de Paris. Cette unité équivaut à deux tiers de centimètre. Un quarante correspond par conséquence à un 26,6 centimètres.

Quel **médicament** faut-il prendre contre le **mal de tête** ?

Avant de prendre quoi que ce soit, il faut consulter un médecin ou en parler à des adultes. Parmi les trois types de molécules qui soignent ce genre de douleur, mieux vaut éviter l'aspirine, car elle peut avoir des effets secondaires graves. Du reste, aux États-Unis, ce médicament est interdit aux enfants de moins de 12 ans. On peut prendre du paracétamol qui convient le mieux aux enfants, car ses effets secondaires sont rares, ou de l'ibuprofène qui agit plus longtemps sur la fièvre.

Comment marche **la pesanteur** ?

La capacité d'attraction de la Terre est très forte et attire tous les objets, tous les êtres vivants vers son centre. C'est elle qui nous colle au sol et nous empêche de voler comme les spationautes le font dès qu'ils sont dans l'espace. Ils sont alors en apesanteur. La force d'attraction de la Terre est si puissante qu'elle oblige la Lune, plus petite, à rester en orbite autour de nous. Le soleil, beaucoup plus gros que nous, nous fait tourner en orbite autour de lui.

Comment l'**eau** éteint-elle le **feu** ?

En refroidissant le combustible, le bois par exemple, l'eau l'empêche d'atteindre la température de 700 °C à laquelle il s'évapore et devient, combiné à l'oxygène, une flamme.

153

Pourquoi les **films alimentaires collent**-ils ?

Les films étirables sont des matériaux très isolants : à leur contact, les charges électriques ne peuvent plus se déplacer, elles sont comme prisonnières. Quand on place un film sur un récipient en verre, ces charges sont plaquées sur place, elles agissent comme une multitude d'aimants par un phénomène d'électricité statique. En revanche, si les bords du récipient sont humides, ça ne colle pas. En effet, l'eau est un conducteur d'électricité : les charges électriques parviennent à s'échapper.

Quelle **quantité** d'**eau** entre dans la **fabrication** d'une **baguette** de **pain** ?

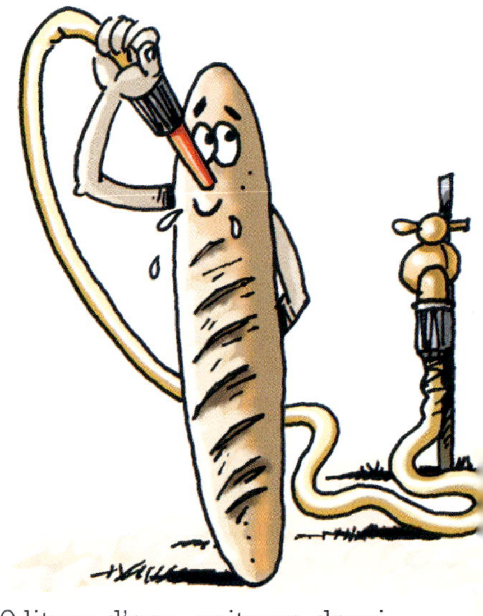

Il faut, en moyenne, 500 litres d'eau, soit une demi-tonne d'eau pour obtenir une baguette de pain ! Le boulanger n'utilise que 20 centilitres d'eau pour confectionner sa pâte, mais 500 litres sont nécessaires pour faire pousser le blé qui donnera la farine contenue dans une baguette de 250 grammes.

Qu'est-ce qu'un **aimant** ?

Il est bien loin le temps où nos ancêtres utilisaient des morceaux de magnétite, une roche capable d'attirer les objets en fer ou en acier grâce à une force invisible, le magnétisme. Aujourd'hui, nos aimants, en forme de fer à cheval ou pas, sont de petits morceaux de métal dont les atomes sont tous orientés dans le même sens. Ils sont plus puissants aux extrémités qu'au centre. Il est toujours impossible d'attirer des objets en argent ou en cuivre, par exemple, car ils ne sont pas magnétiques. Le cobalt, le fer, le nickel, l'acier restent les seuls à se coller docilement aux aimants.

Qu'est-ce qui **cuit** dans un **micro-ondes** ?

Les ondes électromagnétiques des fours à micro-ondes bombardent les molécules contenues dans les aliments. Comme ces ondes ont la même fréquence de vibration que les molécules d'eau, celles-ci s'agitent et viennent heurter les autres molécules, notamment celles des aliments. Toutes ces collisions s'enchaînent et produisent la cuisson. Voilà pourquoi une viande cuite au micro-ondes est comme bouillie de l'intérieur et n'a pas l'aspect appétissant d'un steak grillé ou d'un rôti.

Qui a **inventé** la **fourchette** et le **couteau** ?

Les premiers à se servir d'un couteau à table furent les Romains. Mais ils l'utilisaient avec parcimonie puisqu'ils en partageaient un pour une tablée entière. Ce n'est qu'au XVIe siècle que son usage se répandit. La fourchette doit sa renommée à une aristocrate florentine qui l'imposa à ses hôtes au XIIe siècle. En France, il fallut attendre 1660 pour que la noblesse cesse de manger avec les doigts. Elle fut suivie, avec un siècle de retard, par le reste des Français.

Pourquoi l'**huile** chaude se met-elle à **bouillir** quand on y verse de l'**eau** ?

Ce n'est pas l'huile qui bout, mais l'eau ! Une goutte d'eau jetée dans un bain d'huile à 200 °C se met instantanément à bouillir puisque la température d'ébullition de l'eau est de 100 °C. Il arrive que certaines gouttes d'eau s'enfoncent sous la surface de l'huile, elles se transforment alors instantanément en vapeur d'eau. En jaillissant hors de la poêle, la vapeur projette alors l'huile qui se trouve au-dessus d'elle et donne l'impression que l'huile bout.

Comment **fabrique**-t-on une **serpillière** ?

En recyclant les rebuts de l'industrie textile comme le coton, le polyester ou la viscose. Ces chutes sont effilochées, puis tissées en un fil épais. Très solides, puisqu'elles résistent à une traction de 50 kilos, les serpillières sont également ultra-absorbantes et capables de retenir quatre fois leur poids en eau.

Qu'est-ce qui **brûle** dans un **feu** ?

Contrairement à ce que l'on pourrait penser, ce n'est pas le bois qui se consume, mais la vapeur de bois. Au-delà de 700 °C, la réaction entre l'oxygène et la vapeur de bois dégage de la chaleur et provoque la flamme. C'est pour cela qu'une simple allumette ne suffit pas pour mettre le feu à un tas de bûches.

Qui a **inventé** le **chewing-gum** ?

C'est une vieille recette maya qui est à l'origine du chewing-gum moderne. Il y a plus de mille ans, ces Indiens d'Amérique centrale mâchaient des plaques de chicle, une substance laiteuse et épaisse, fabriquée avec de la sève d'un arbre tropical, le sapotillier. Puis, un général mexicain l'a introduite aux États-Unis et, en 1870, Thomas Adam s'est lancé dans sa fabrication industrielle. Aujourd'hui, les chewing-gums ne contiennent plus qu'une quantité résiduelle de chicle. On y trouve, en revanche, beaucoup d'autres choses : des hydrocarbures comme le vinyle, du glucose, de la paraffine et de l'acide citrique ou tartrique.

Quel est le **secret** des **poêles anti-adhésives** ?

Le Téflon. Ce matériau miracle, très résistant à la chaleur et à la corrosion chimique, recouvre d'une couche fine l'intérieur des poêles anti-adhésives. Les atomes de fluor contenus dans le Téflon repoussent les autres molécules et les empêchent de réagir. De plus, le coefficient de frottement de ce matériau est très faible : un patineur glisserait mieux sur du Téflon que sur de la glace.

164 Peut-on **effacer** un **tatouage** ?

Il existe plusieurs techniques pour effacer un tatouage, mais toutes aboutissent au même résultat : l'élimination de la peau qui porte le tatouage. Les méthodes les plus efficaces et les moins douloureuses sont le laser et la neige carbonique. La neige carbonique détruit les tissus pigmentés par le froid, pratiquement sans douleur ; le laser les détruit, lui, par la chaleur. C'est une technique plus efficace, mais un peu plus douloureuse dont les effets secondaires sont comparables à une brûlure.

Pourquoi les **oiseaux** ne s'**électrocutent**-ils pas sur les lignes **électriques** ?

Les oiseaux, comme les humains, conduisent l'électricité. Celle-ci choisit toujours le chemin le plus court et le moins résistant pour se déplacer. Voilà pourquoi elle n'emprunte pas le corps de l'oiseau et ne sort pas du fil qui est meilleur conducteur. En revanche, si un volatile touche deux fils électriques, le courant passera d'un fil à l'autre et l'électrocutera. Un certain nombre de grands oiseaux périssent ainsi chaque année.

Pourquoi les **rayons X** s'appellent-ils X ?

En 1895, le physicien allemand Wilhem Röntgen fait une découverte tout à fait fortuite : il s'aperçoit que certains rayons passent au travers du carton, du bois et de certains métaux. Ses confrères jaloux l'accusent de manipulation et, comme lui-même est incapable d'expliquer ce phénomène, on baptise « rayons X » ces mystérieux et incompréhensibles rayons. Ce qui n'empêchera pas Röntgen de recevoir le prix Nobel de physique en 1901. L'explication des rayons X interviendra quelques années plus tard avec la découverte de l'électron.

J'espère que la lecture de ce petit livre vous aura permis de faire progresser vos connaissances sur notre vie quotidienne.
Pour le vérifier, voici pour finir un petit quiz ! Si vous avez bien lu le livre, vous ne devriez avoir aucun mal à répondre aux 30 questions qui le composent.

Les solutions sont en page 176.

Bonne chance !

Le Quiz final

Toutes les réponses aux 30 questions suivantes sont dans le livre. Les avez-vous bien en tête ?

1. Pourquoi met-on des cailloux sous les rails de chemin de fer ?

a ❑ Pour absorber les eaux usées.

b ❑ Pour empêcher la pousse des mauvaises herbes.

c ❑ Pour amortir les vibrations.

2. De quelle nature est le phénomène qui permet à la gomme d'effacer ?

a ❑ Électrique.

b ❑ Chimique.

c ❑ Calcaire.

3. Les pneus s'usent plus vite :

a ❑ En ligne droite.

b ❑ Dans les virages.

c ❑ À l'arrêt.

4. Quel élément radioactif utilise-t-on dans les montres luminescentes ?

a ❑ Le tritium.

b ❑ L'uranium appauvri.

c ❑ L'hélium.

5. Combien faut-il d'eau pour fabriquer une baguette de pain ?

a ❑ 2 litres.

b ❑ 10 litres.

c ❑ 500 litres.

6. Lequel de ces gaz polluants est produit par les moteurs diesels ?

a ❑ Le dioxyde d'azote.

b ❑ Le gaz moutarde.

c ❑ Le méthanol.

7. Quel est la probabilité pour qu'il fasse, demain, le même temps qu'aujourd'hui ?

a ❑ 15 %.

b ❑ 50 %.

c ❑ 75 %.

8. Dans un avion, à quelle place subit-on le plus les turbulences ?

a ❑ La place du pilote.
b ❑ À l'arrière.
c ❑ Au niveau des ailes.

9. Qui a inventé la clémentine, en 1902 ?

a ❑ Louis Pasteur.
b ❑ Le père Clément.
c ❑ Les Indiens tarahumaras.

10. Quel objet recycle-t-on à 80 % ?

a ❑ Les batteries de voitures.
b ❑ Les bouteilles en plastique.
c ❑ Les épluchures de fruits et légumes.

11. Pourquoi ne faut-il jamais cuire une viande à plus de 300 °C ?

a ❑ Parce qu'elle prend feu.
b ❑ Parce qu'elle risque d'exploser.
c ❑ Parce qu'elle devient cancérigène.

12. Qu'est-ce qu'une éponge ?

a ❑ Un squelette d'animal.
b ❑ Une variété de corail.
c ❑ Une algue.

13. Pour 100 naissances des filles,combien y a-t-il de naissances de garçons ?

a ❑ 95.

b ❑ 105.

c ❑ 124.

14. Quel est le plat qu'adorent les Mexicains ?

a ❑ La compote de vers de terre.

b ❑ La tête de veau au chocolat

c ❑ Le criquet grillé.

15. Quel aliment a-t-il été inventé par les Mayas ?

a ❑ Le ketchup.

b ❑ Le chewing-gum.

c ❑ Le Coca-Cola.

16. Les boîtes noires d'un avion enregistrent les données techniques du vol et...

a ❑ La liste des passagers.

b ❑ Les consignes de sécurité pour les passagers.

c ❑ Les conversations de la cabine de pilotage.

17. Quelle est la durée de vie moyenne d'un CD ?

a ❑ 50 ans.

b ❑ L'éternité.

c ❑ On ne sait pas

18. Quel est l'animal consommé par le plus de peuples dans le monde ?

a ❑ Le poulet.

b ❑ Le poisson.

c ❑ Le bœuf.

19. Comment prend-on une radio de notre corps ?

a ❑ Avec des rayons X.

b ❑ Avec des rayons gamma.

c ❑ Avec des rayons laser.

20. Quelle réaction chimique subit une viande grillée ?

a ❑ Une combustion.

b ❑ Une réaction de Maillard.

c ❑ Une réaction en chaîne.

21. Qu'est-ce que la force de Coriolis ?

a ❑ La force qui maintient la Lune en orbite autour de la Terre.

b ❑ La force qui fait tourner la Terre.

c ❑ La force qui, sur Terre, dévie les vents.

22. Un gramme d'uranium dégage se désintégrant, autant de chaleur que la combustion de :

a ❑ 100 kilos de bois.
b ❑ Deux tonnes de charbon.
c ❑ Une bougie

23. Quelle est la matière dont la formule chimique est H_2O ?

a ❑ L'air.
b ❑ Le dioxyde de carbone.
c ❑ L'eau.

24. Où se situe le mur du son ?

a ❑ Devant un objet allant à 1 100 km/h.
b ❑ À égale distance entre le récepteur et l'émetteur.
c ❑ Autour des ruines de l'Acropole.

25. Dans l'air, le son se propage à 340 mètres par seconde, mais dans l'eau ?

a ❑ Il se propage à 0,5 mètre par seconde.
b ❑ Il va à la même vitesse.
c ❑ Il se propage à 1 450 mètres par seconde.

26. Quel rayon se déplace en ligne droite dans une seule direction ?

a ❑ Le rayon vert.
b ❑ Le rayon laser.
c ❑ La lumière.

27. Quelle est l'espèce animale la plus répandue en France ?

a ❑ Le ver de terre.
b ❑ La mouche.
c ❑ Le pigeon.

28. Qu'est-ce qui éclaire dans une ampoule électrique ?

a ❑ Le filament de l'ampoule.
b ❑ Le verre de l'ampoule.
c ❑ Le gaz de l'ampoule.

29. Où trouve-t-on des protons ?

a ❑ À l'intérieur des atomes.
b ❑ Dans les rayonnements solaires.
c ❑ Dans une décharge électrique.

30. À quoi sert le Téflon ?

a ❑ À fabriquer des tissus extensibles.
b ❑ À recouvrir des poêles à frire.
c ❑ À épicer les aliments.

Réponses

1c — 2a — 3b — 4a — 5c — 6a — 7c — 8b — 9b — 10a — 11c
12a — 13b — 14c — 15b — 16c — 17a — 18a — 19a — 20b
21c — 22b — 23c — 24a — 25c — 26b — 27a — 28a — 29a — 30b

Comptez vos bonnes réponses

Entre 0 et 9 bonnes réponses : On a vraiment l'impression que vous êtes un extraterrestre, aussi perplexe que E.T. découvrant la planète Terre, à moins que vous n'ayez fait ce test sans avoir lu ce livre. Pas bien !

Entre 10 et 19 bonnes réponses : Vous avez probablement lu ce livre en alternance avec un traité historique et un guide de bricolage. Attention aux mélanges !

Plus de 20 bonnes réponses: Bravo ! Vos connaissances encyclopédiques épatent petits et grands. Affublé d'une barbe blanche, de lunettes cerclées et d'un bonnet de nain, elles vous vaudraient même le sobriquet de «Prof» : celui qui sait tout et la «ramène» un peu trop.